KB269357

근혜노믹스

근혜노믹스

GH-nomics

앞으로 5년간 우리나라를 이끌고 나갈 새 대통령이 탄생했습니다. 우리나라 역사상 첫 여성 대통령입니다. 투표에 나섰던 우리 국민들의 마음은 한결같았습니다. 바로 '경제를 살려달라'는 요청이었습니다. 박근혜 후보를 찍은 유권자도, 문재인 후보를 찍은 유권자도, 혹은 제3의 후보를 찍은 유권자도 그 마음만큼은 모두 한결같았습니다.

국가 리더가 어떤 철학을 갖고 국정을 펼치느냐에 따라 엄청난 변화가 일어납니다. 특히 우리나라처럼 대통령이 모든 국정의 중심이고 대통령에게 많은 권한이 집중되어 있는 나라는 새로운 국가 리더의 탄생에 따라 나라의 흥망성쇠가 결정된다고 할 수 있습니다. 따라서 언론사는 대통령의 철학을 정확하게 읽어내 국민들에게 전달하고, 또 국가를 위한 가장 바람직한 어젠다가 무엇인지를 제안해야 하는 시대적 사명과 사회적 책임이 있습니다.

 '노믹스(Nomics)'는 경제학(Economics)에서 따온 영어단어입니다. 우리나라에서 대통령 이름 뒤에 노믹스라는 단어가 처음 붙은 것은 김대중 대통령의 'DJ노믹스' 때입니다. 그 이전에 없었던 것은 대통령들의 경제 철학이 확고하지 못했거나, 아니면 언론들이 정확하게 대통령의 경제 철학을 읽어 내지 못했기 때문입니다.

 김대중 정부는 출범 이전 국내외에서 일부 우려가 있었습니다. 직선제 개헌 이후 첫 정권교체였고, 진보 성향 이미지 때문에 불안하다는 소리들이 많았던 게 사실입니다. 하지만 민주주의와 시장경제의 병행 발전을 근간으로 한 DJ노믹스의 핵심 내용이 알려지면서 비로소 시장 참여자들의 호응을 얻을 수 있었습니다. 전대미문의 외환위기를 잘 극복해 냈던 것도 DJ노믹스의 명확한 원칙이 큰 기여를 했습니다.

 뒤를 이은 노무현 대통령의 '노(盧)노믹스'와 이명박 대통령의 'MB노믹스'도 임기 5년 동안의 경제 청사진을 국민들과 시장 참여자들에게 미리 보여줬습니다. 역대 노믹스에 제시된 철학과 정책은 물론 성공한 것도, 실패한 것도 있었지만 적어도 임기 동안 대부분 경제 정책으로 시도됐다는 점을 확인할 수 있었습니다.

 '근혜노믹스'의 핵심은 원칙이 바로 선 자본주의와 공정한 시장경제, 맞춤형 복지를 통한 사회 약자층 배려, 과학기술과 IT를 앞세운 창조형 경제와 일자리 창출로 요약할 수 있습니다. 하나하나가 심도 있는 분석, 철저한 준비와 액션플랜이 필요한 과제들입니다.

 대통령도 신(神)이 아닌 이상 경제 철학을 담은 노믹스를 '절대적인 가치'라고는 말할 수는 없습니다. 또 국내외 상황이나 경제 참여자들의 요구에 따라 노믹스가 변하기도 합니다.

 MB노믹스는 초기 '비즈니스 프랜들리(Business Friendly)'와 '7-4-7' 성장을 앞세웠지만 글로벌 금융위기를 계기로 집권 중반기부터는 '동반 성장'과 '양극화 해소'로 그 패러다임이 변했습니다. 책을 집필하는 과정에서 근혜노믹스도 2005년 한나라당 대표시절, 2007년 대선후보 경선시절, 2009년 미국 스탠퍼드대 강연, 2012년 새누리당 대선후보시절 등 시기에 따라 조금씩 진화해 왔다는 점을 발견할 수 있었습니다.

 이 책에서 소개한 근혜노믹스는 박근혜시대의 첫 장을 여는 경제 패러다임입니다. 근혜노믹스가 5년의 대통령 임기 동안 기본 철학이 계속 유지될지, 혹은 변한다면 어떤 모습으로 바뀔지 계속 지켜보면서 독자 여러분들의 궁금증을 풀어 드릴 것을 약속합니다.

1부는 '근혜노믹스'의 핵심 철학을 꼼꼼하게 분석했습니다. 2009년 5월 미국 스탠퍼드대 초청강연 때 영어로 처음 제시됐던 '원칙이 바로 선 자본주의(Pathway to the Disciplined Capitalism)'를 비롯해서, 대선 레이스 기간 내내 논란을 빚었던 '경제민주화', 일자리 창출과 맞춤형 복지를 통한 균형성장 '투트랙(Two-Track)' 전략 등 근혜노믹스의 핵심 프레임을 당선자 주변 인물들의 생생한 증언과 대선 현장을 누빈 기자들의 취재를 통해 독자 여러분들께 소개합니다. 역대 대통령 당선자의 경제 철학, 그리고 임기 중 나왔던 구체적인 정책 사례들을 통해 '박근혜시대'에 우리나라 경제가 어떤 모습으로, 어떻게 변해 나갈지 미리 가늠해 볼 수 있습니다.

2부는 근혜노믹스를 이끌고 나갈 '액션플랜'을 담았습니다. 대선 레이스 기간 중 발표됐던 핵심 공약들을 토대로 이들 공약들이 제대로 열매를 맺기 위해서는 어떤 과제들이 필요할지, 그 실효성을 분석했습니다. 국민행복기금을 통한 하우스푸어·

가계부채 대책, '나라살림 가계부'를 만들어 선거공약의 재원을 확보하겠다는 공약, 일자리 대책으로 제시된 '늘·지·오(새 일자리는 늘리고 기존 일자리는 지키고 일자리의 질은 올린다)' 전략, 부동산시장 거래 활성화와 남북한 경제협력 등이 어떤 형태의 정책으로 구체화될지, 그리고 우리 경제의 성장잠재력을 높이는데 기여할지에 대해 그 방향과 해법을 기술했습니다. 이들 공약은 하나같이 우리나라의 미래와 운명을 결정지을 수 있습니다. 그저 유권자 표심을 얻기 위한 장밋빛 공약에 그치지 말고, 임기 말 5년 뒤에 "우리나라가 국민소득 3만 달러 시대에 진입하기 위한 초석이 됐다"는 평가를 받게 되기를 간절히 기대합니다.

3부는 근혜노믹스를 만든 경제 브레인들을 상세하게 소개합니다. 근혜노믹스의 설계자 가운데는 그동안 베일에 쌓여 있던 인물들도 적지 않습니다. 이들은 차기 정부에서 경제 정책의 실무를 담당할 핵심 인사들입니다. 동시에 노믹스의 설계자, 조언자에 그치지 않고 앞으로 5년간 노믹스를 훌륭하게 완성시켜야 하는 시대적 책임도 지니고 있습니다. 박근혜 당선자에게 바라는 각계각층 경제 전문가들의 구체적인 정책 제언도 고스란히 책에 담았습니다. 철학과 노선이 달라도 전문가들의 제언에 귀를 열고, 국민과 늘 소통하는 대통령이 되기를 기대합니다.

책이 나오기까지 많은 분들이 도움을 주셨습니다. 장대환 매경미디어그룹 회장은 데스크와 기자들이 마음 놓고 취재와 집필을 할 수 있도록 한결같이 성원해 주시고 배려해 주셨습니다. 다른 책의 출판 일정을 미루면서까지 책을 서둘러 출판해 주신 성철환 매경출판 대표, 책의 전체적인 흐름을 잡아 주시고 꼼꼼하게 조언해 주신 전병준 편집국장께도 감사의 말씀을 드립니다. 무엇보다 연말연시를 앞두고 바쁜 취재 일정 속에서도 불평한 마디 없이 원고를 작성해 준 경제부 후배 기자들에게도 이 자리를 빌려 다시 한 번 감사의 마음을 전합니다.

새 대통령의 경제 철학을 서둘러 독자 여러분들께 소개하고 싶은 마음이 앞서다 보니 부족한 부분이 많았습니다. 앞으로 보다 심층적인 내용을 담을 수 있도록 더 많이 취재하고 더 꼼꼼하게 분석하겠다는 약속을 드립니다. 독자 여러분들의 넓은 이해와 많은 조언을 부탁드립니다.

매일경제 경제부장 서양원

Contents

Part 3 근혜노믹스와 **사람들**

Part 1

근혜노믹스의 기본 철학

원칙이 바로 선 자본주의 :
공정경쟁시대로

"대한민국의 50년을 이끌 경제 시스템은 원칙이 바로 선 자본주의입니다. 대통령이 되면 임기 5년간 향후 50년을 바라보며 새로운 경제시스템의 기반을 닦는 일을 균형적으로 추진하겠습니다."

(2012년 10월 산학연포럼 초청강연)

"정당한 기업 활동을 최대한 보장하고 불필요한 규제는 철폐하여 경제에 활력을 불어넣겠습니다. 하지만 영향력이 큰 기업일수록 사회적 책임을 다할 수 있도록 과감하고 단호하게 개입하는 정부를 만들겠습니다."

(2012년 7월 대선 출마 선언문)

'원칙이 바로 선 자본주의.'

근혜노믹스의 핵심 철학은 '공정한 시장경제질서를 확립하고 서민과 중소기업 등 경제적 약자층을 보호해 사회 전체가 균형 성장을 이루는 것'이다. 경제민주화와 경제성장. 이 두 가지 과제는 결코 따로 갈 수도 없고, 우선순위를 따질 수도 없는 수레의 두 바퀴와 같다는 논리다. 경제민주화를 통해 사회적 약자층을 배려하는 동시에, 경제성장을 통해 일자리를 만들고 성장잠재력을 끌어올리겠다는 이른바 '투 트랙'(Two-Track) 구상이다.

박근혜 당선자가 대선 레이스 기간 중 밝혔던 경제 구상을 분석해 보면 대기업 때리기나 징벌적 규제보다는 '공정한 경쟁'에 방점이 찍혀 있다는 사실을 발견할 수 있다.

실제로 대기업의 기존 순환출자 의결권 제한, 기업집단법이나 국민참여재판, 재벌총수에 대한 지분조정명령제 등 대선 레이스 초기에 제시됐던 강도 높은 재벌 개혁 조치들은 실제 대선 공약에서 대부분 채택되지 못했다. 이 과정에서 경제민주화의 논리적 근거를 주도했던 김종인 국민행복추진위원장과 정책적인 거리가 생기기도 했다. 박 당선자는 그럼에도 불구하고 '표심만을 의식한 구호형 개혁을 위한 개혁이 아니라, 사회적 약자층에 도움이 되는 실질적 개혁' 손을 들어 주었다.

공정한 시장경제 질서를 세우기 위해서는 엄정한 잣대를 들이댄다. 대기업 집단의 신규 순환출자에 대해서는 금지 원칙을 못 박고 국민연금 등 공적 연기금의 의결권 강화, 산업자본의 금융회사 소유 규제 강화(금산분리), 소비자 피해구제 명령제도와 집단소송제도, 집중투표제도의 단계적 도입 등이 대표적인 공약 사례들이다. 2007년 한나라당 경선 당시만 해도 '줄푸세(세금을 줄이고 규제를 풀고 법원칙은 세우자)' 공약을 통해 친기업적 이미지가 강했다는 평가를 받았다. 시대적 상황, 국민적 요구에 맞춰 핵심 정책을 수정한 것이다.

이 같은 시도는 '비즈니스 프랜들리(Business Friendly)' 정책을 주도했다가 사회 양극화를 심화시킨 MB정부의 경제 패러다임, 글로벌시장에서 신자유주의가 확산되며 갈수록 커지고 있는 소득 양극화 추세와 밀접하게 연관돼 있다. 시장의 흐름, 민심의 변화를 정확하게 읽었고 이에 맞춰 유연하면서도 가장 효율적인 박근혜표 노믹스 버전을 만들어낸 것이다.

MB정부는 정권 초기 세금감면, 고환율(원화약세) 정책을 주도했다. 대기업이 돈을 많이 벌고 수출이 잘 되면 그 성장의 효과가 중산, 서민층과 내수시장까지 이어지는 트리클다운(낙수)효과를 기대한 것이다. 대기업들은 정부 지원으로 큰 수혜를 입었지만 기대했던 만큼의 일자리 창출, 낙수효과는 나타나지 않았다. 오히려 고환율 정책의 부작용으로 물가가 상승하면서 서민들의 고충은 훨씬 더 커졌고, 출자총액제한제도가 폐지되자 대기업들이 신규사업에 대거 진출하면서 동네 빵집 등 골목상권을 장악하는 부작용이 나타났다. MB정부가 집권 중반기부터 '동반 성장' 개념을 앞세워 사회 양극화를 바로잡는 노력을 기울였지만 한번 균형점을 잃은 경제는 제대로 돌아오지 못했고 민심 이반에 따른 중간선거 패배, 조기 레임덕에 따른 리더십 추락 등 뼈아픈 대가를 치러야 했다.

> "자본주의 시장경제의 원칙을 새롭게 확립하는 일이 시대적 과제입니다. 기업윤리는 주주이익과 공동체이익을 조화롭게 추구해야 합니다. (중략) 시장경제가 작동하는 과정에서 문제가 될 소지는 미연에 방지하고 경제적 약자를 잘 보듬어 공동체의 행복공유를 추구하는 것이 정부의 본연입니다."
>
> (2009년 5월 미국 스탠퍼드대 초청강연)

박 당선자가 스탠퍼드대에서 연설했던 2009년 5월은 글로벌 금융위기의 후폭풍으로 소득 양극화와 부의 불평등 문제가 본격적으로 부상했던 시기였다. 성장에 방점이 찍힌 경제 담론에서 벗어나, 복지와 분배가 균형을 이룬 성장, 정부 역할을 강조하는 근혜노믹스의 새로운 틀이 정립된 것이다. 대선 레이스 기간 중 여야 할 것 없이 최대 화두로 부상했던 '경제민주화' 논란이 사실은 3년 전 박 당선자의 스탠퍼드 발상에서 잉태됐다고 볼 수 있다.

당시 영어로 했던 스탠퍼드대 연설(원칙이 바로 선 자본주의, Pathway to the Disciplined Capitalism)에서 박 당선자는 크게 글로벌 경제가 직면한 3가지 도전을 언급했다. 민간 부문은 탐욕이라는 도전, 정부의 역할은 소외계층에 대한 배려가 미흡했다는 도전, 보호주의에 대해서는 공멸의 길로 가게 될 도전이 바로 그것이었다. 박 당선자는 이 세 가지 문제들이 원칙이 무너졌기 때문에 발생했다고 규정하고 원칙이 바로 선 자본주의를 위해서는 민간 부문과 정부의 역할, 국가 간 협력이 더 강화돼야 한다는 해답을 제시했다.

박 당선자가 본 우리 경제의 가장 큰 문제점은 바로 "효율성이 지나치게 강조되면서 상대적으로 공정성이 간과됐다는 점"이다. 대주주의 사익추구 행위, 대기업과 중소기업 거래에 있어 시장지배력을 남용하는 행위, 담합을 통한 경제력 남용 행위 등으로 자율시장에서 불공정성·불균형성이 갈수록 더 커지고 있다는 게 핵심적인 문제의식이다.

특히 경제적 약자층에 대한 박 당선자의 인식은 중소기업과 소상공인을 나로호 부품에 비유한 데서도 잘 드러난다. 박 당선자는 대선 기간 중 "사회를 구성하는 모든 구성원이 균형 있게 발전하지 못하면 전체가 실패한다"며 "나로호를 구성하는 15

만 개 부품 중 어느 하나라도 문제가 생기면 우주발사체 전체가 멈추는데, 우리의 중소기업과 소상공인은 이런 부품과 같다"는 비유를 했다.

　박 당선자의 노믹스 철학을 완성시키는 실천 과제는 바로 사회적 대타협이다. 경제민주화와 맞춤형 복지, 일자리 창출과 창조경제 등을 추진하기 위해서는 사회적 대타협이 선행돼야 한다는 사실을 강조한 것이다. 바로 여기서 차기 정부의 핵심적인 리더십을 가늠해 볼 수 있다. 사회적 대타협을 위해 가장 필요한 것은 정부와 기업, 국민 등 경제 주체들의 신뢰를 보증하고 책임지는 것이다. 바로 이것이 정부가 해야 할 역할이자, 지도자가 할 일이라는 게 박 당선자의 생각이다.

"최대의 복지는 바로 일자리입니다. 경제가 성장해서 일자리가 많이 생기고 소득이 늘어나면 국민이 체감하는 복지는 그 열 배, 백 배의 효과를 냅니다. 이것이 바로 시장경제의 힘입니다. (중략) 서민들의 부담을 줄여 주는 정책을 반드시 추진하겠습니다. 특히 저소득층 자녀들의 보육과 교육, 그리고 건강은 국가가 책임지겠습니다. 국민을 더 잘살게, 더 편하게, 더 안전하게 해드리는 게 진정한 개혁입니다."

(2005년 4월 한나라당 대표 연설)

박근혜 당선자가 국립현충원에서 열린 고(故) 박정희 대통령 33주기 추도식에 참석해 참배하고 있다.

근혜노믹스는 경제 변화, 양극화 추세에 맞춰 조금씩 진화를 거듭해 왔다. 2005년 4월 한나라당 대표 시절의 연설문을 보면 일자리와 성장에 가장 큰 초점이 맞춰져 있다는 걸 알 수 있다. 일자리가 늘고 소득이 생겨 나야 생산적인 복지와 균형 있는 분배도 가능해진다는 논리였다.

이어 2007년 한나라당 경선 때는 '줄푸세(세금을 줄이고 규제를 풀고 법원칙은 세우자)'라는 친기업적 정책을 들고 나왔다. 박 당선자는 당시 상황에 대해 "사회적 약자층에 대한 선별적 배려, 공정하게 경쟁할 수 있는 규칙 마련은 변함없는 원칙이다”라며 “다만 우리 경제의 성장엔진이 꺼지지 않기 위해서는 잠재성장률을 높이는 전략이 필요했고, 그러기 위해서는 경제의 핵심주체인 기업들이 자유롭게 활동할 수 있고, 부유층과 중산층이 세금 부담을 느끼지 않는 경제 기반을 마련할 필요가 있었다”고 설명했다.

‘원칙이 바로 선 자본주의’가 근혜노믹스의 핵심이지만 경제성장과 일자리 창출은 생산적인 복지와 균형 있는 분배를 뒷받침해 주는 또 다른 수레바퀴와 같다. 과학기술과 IT를 활용해 양질의 일자리를 만들고 소프트웨어 산업 등 신성장산업을 육성한다는 창조경제론. 성장과 고용을 연계한 창조경제론은 경제민주화와 쌍벽을 이룰 수 있는 근혜노믹스의 또 다른 청사진이다.

원칙만 제대로 지키면, 시장의 공정한 룰(Rule)만 위반하지 않는다면, 우리 기업들이 마음 놓고 약진하고 성장할 수 있도록 정부가 지원을 아끼지 않겠다는 발상이다.

대선 기간 내내 논란의 초점이 됐던 경제민주화는 간단하게 말해 과거의 성장 중심, 대기업 중심 패러다임에서 벗어나 균형 성장, 복지와 분배, 시장 지배력 남용 방지 등 동반성장에 초점을 맞춘 프레임이다. 하지만 그 실행방식을 놓고 많은 이견과 논란을 낳았다.

　야당으로 출마했던 문재인 후보가 경제민주화를 재벌개혁으로 간주한 반면, 박 당선자는 공정경쟁에 더 무게를 뒀다. 박 당선자는 "경제민주화를 대기업에 대한 징벌적 규제로 몰아붙여서는 안 된다"는 신념을 여러 차례 밝혔다. 대기업의 일감 몰아주기, 골목상권 장악, 대주주 지위 남용 등 불공정 거래 관행에 철퇴를 내리는 것은 야당 측과 동일하지만 기존 순환출자에 대한 규제나 출자총액제한제도의 부활 등 지배구조와 관련한 밀어붙이기식 규제는 대기업의 역동성과 시장의 효율성을 떨어뜨릴 수 있다고 본 것이다.

스마트뉴딜 :
과학기술과 IT로 저성장 돌파

2010년 10월 18일자 한 중앙일간지를 보면 박근혜 당선자가 서강대 이공계 광고 모델로 깜짝 등장한 모습을 확인할 수 있다. 이는 서강대가 고3 수험생 유치를 위해 만든 광고로 박 당선자의 환하게 웃는 모습과 함께 '박근혜, 1974년 전자공학과 졸업'이라는 글귀가 적혀 있다. 광고카피는 '일류를 넘어 초일류로-서강대학교 이공계가 대한민국을 이끌겠습니다'이다. 대학교의 홍보성 광고이지만 박 당선자는 이공계를 아끼는 마음에 흔쾌히 광고료 없이 출연했다고 한다.

첫 이공계 출신 대통령 당선자로 과학기술에 대한 애정은 뿌리가 깊다. 성심여고 시절 원래는 문과였지만 이과로 진로를 바꿨다. 그는 자서전 《절망은 나를 단련시키고 희망은 나를 움직인다》에서 "내 뜻대로 서강대 전자공학과를 간 것은 후회 없는 선택이었지만 공부는 만만치 않았다”며 “전자공학과에 가기 위해 문과에서 이과로 바꾸었기 때문에 수학을 비롯해서 공부할 것이 남들보다 더 많았다”고 회고했다. 이어 “대학에서 전자공학을 전공한 것은 앞으로 우리나라 경제발전에 기여하겠다는 포부 때문이었다”고 밝혔다. 당시만 해도 이공계에 진학한 여학생은 손가락으로 꼽을 정도였고, 박 당선자는 서강대 이공학부를 수석 졸업했다.

박 당선자는 ‘과학 리더십’을 보여주고 있는 이공계 출신의 글로벌 리더와 교류를 중시한다. 유럽의 재정위기에서 독일을 굳건히 지켜낸 앙겔라 메르켈 독일 총리는 라이프치히대 물리학과 출신이다. G2시대를 이끌고 있는 중국 최고지도자들 중에는 유독 이공계 출신이 많다. 시진핑 주석은 칭화(淸華)대 화학과 출신이고, 직전 후진타오 주석은 칭화대 수리공정학과, 그 직전의 장쩌민 주석은 상하이 자오퉁(交通)대 전기학과 출신이다.

박 당선자는 자서전에서 “메르켈 총리가 추구하는 경제 정책이나 외교 정책 노선이 내가 추구하는 것과 비슷하고, 원칙과 약속을 중요하게 생각하는 부분도 꼭 닮았다. 둘 다 보수정당의 당수라는 점, 그리고 이공계 출신이라는 점에서 마음이 잘 통하는 것 같다”고 밝혔다. 메르켈 총리도 2012년 8월 17일 기민당 당수 자격으로 보낸 서한에서 "대통령 선거에서 새누리당이 대선 후보와 함께 대한민국 국민의 신뢰를 얻을 수 있을 것이라 확신하며, 당과 후보의 큰 성공을 기원한다"며 승리를 기원하기도 했다.

박 당선자는 2005년 5월 당시 후진타오 중국 국가주석을 만난 자리에서도 "최고의 수재들이 이공계에 갔지만, 지금은 이공계에 지원하려 하지 않는다"며 한국의 이공계 기피현상을 걱정한 뒤 "후 주석과의 대화는 편안하고 즐거웠다. '이공계끼리는 통하는 게 있다'는 표현이 가장 적절할 것 같다"고 밝혀 이공계 출신 리더 간의 유대를 강조했다.

"과학기술에 대한 아버지의 집념은 대단했다. '자원도, 돈도 없는 우리나라가 먹고살 길은 사람으로 하는 과학기술 연구밖에 없다'면서, 1966년 홍릉에 KIST(한국과학기술연구원)를 설립했다. 그리고 외국에 나가 있던 과학자에게 조국으로 돌아와 달라고 호소하였다. 그러자 200명이 넘는 과학자가 척박한 연구환경에도 불구하고 애국심 하나만으로 조국으로 돌아왔다."

《절망은 나를 단련시키고 희망은 나를 움직인다》

박 당선자는 '과학 입국, 기술 자립'을 강조한 아버지 박정희 대통령으로부터 과학기술의 중요성을 배웠다. 박 대통령은

1962년 1월 제1차 경제개발 5개년 계획에 착수하면서 그 해 5월 과학기술 진흥 5개년 계획을 함께 세웠다. 경제개발에는 과학기술이 필수라는 인식에서였다. 거대 종합체계로서의 현대 과학기술은 국가의 의지가 작동하지 않고는 발전할 수 없다. KIST, 한국과학기술원(KAIST), 국방과학연구원(ADD), 대덕연구단지, 한국과학기술단체총연합회 등 국내 과학기술 연구와 지원의 토대가 그 틀 위에 세워졌다.

박 당선자도 우리 경제가 한 단계 도약하기 위해서는 과학 발전이 중요한다는 것을 누구보다 잘 알고 있다. 치열한 글로벌 경쟁시대에 우리의 미래를 보장해 주는 것은 과학기술뿐이다. 과학의 위기는 기술의 위기로 이어지고, 이는 결국 경기침체로 귀결되기 때문이다.

하지만 현실에선 젊은이들은 여전히 이공계 전공을 기피하고, 과학자들의 사기는 땅에 떨어졌다. 그는 자서전에서 "IMF가 터지자 기술인력을 제일 먼저 구조조정하고 R&D 비용을 축소하면서 과학기술 기반이 일거에 무너져 내렸다. 40년에 걸쳐 쌓아 온 기반이 무너진 것은 한순간이었다"고 안타까워했다.

2010년 9월 8일 서울 역삼동 한국과학기술회관에서 열린《과학대통령 박정희와 리더십》출판기념회에서 "과학기술 발전에 지대한 관심을 갖고 계셨던 아버지의 모습을 지켜보면서 과학기

박근혜 당선자는 젊은 층이 꿈과 희망을 가질 수 있는 나라를 만들겠다는 방침 아래 이공계, 기술 인재 우대 등 다양한 공약을 내놨다.

술의 중요성을 잘 알게 되었다"며 "현재는 과학기술이 경제발전을 이끌어야 하는 시기인 만큼 정치를 하면서도 과학기술 발전을 위해 큰 관심을 갖고 있다"고 말했다. 또한 "자원 없는 이 나라가 발전하기까지 과학기술의 역할이 지대했다"며 "국가발전을 위해서는 산업과 과학기술이 맞물려 돌아가야 한다"고 말했다. 며칠 뒤 자신의 홈페이지에 '과학기술 발전을 위해서'라는 제목의 사진과 함께 글을 올리면서 "국가의 미래와 경쟁력이 과학기술의 수준에 달려 있다는 점에서 그 어느 때보다 과학기술 발전을 위해 더욱 노력해야 할 것"이라고 다짐했다.

2012년 10월 13일 상암동 월드컵 공원에서 열린 과학기술

나눔 마라톤축제에 참석해 "앞으로 과학기술을 국정운영의 중심에 두고 과학기술인들이 자부심을 갖고 연구에 몰두할 수 있도록 할 것"이라고 밝혔다. 이어 "우리 모두가 직면한 대변혁의 시대에서, 우리나라가 앞으로 한 단계 도약하느냐, 아니면 다시 뒤처지느냐는 바로 과학기술에 달려 있다"고 강조했다.

그는 이공계와 기술 인재 우대 정책공약을 일관되게 제시했다. 2012년 4월 총선 공천 심사 때 주위의 반대를 무릅쓰고 '이공계 출신 20% 가산점' 정책을 밀어붙였다. 그 덕분에 19대 국회에 이공계 출신 비율이 크게 늘어났다.

박 당선자는 한국경제가 저출산-고령화라는 인구구조 변화가 일으키는 구조적 저성장 위기에 빠졌다고 진단하고 있다. 이미 일본식 경기침체, 즉 L자형 장기불황이 현실화되었고, 그 끝은 가늠조차 하기 어렵다. 여기에 글로벌 경제위기까지 겹쳐 수출마저 휘청대고 있다. 내수부진은 더욱 심하다. 앞으로의 성장 전망도 암울하다.

이에 위기에 처한 한국경제의 돌파구로 '과학 리더십'에 중점을 둔 경제발전 패러다임을 제시했다. 2012년 8월 20일 새누리당 대선 후보에 선출된 뒤 수락연설에서 우리나라의 최대 강점인 정보통신기술을 활용하겠다고 밝혔다. 그는 "경제민주화, 복지, 일자리가 삼위일체를 이루는 새로운 시스템을 구축하겠다”며 “우리 강점인 정보통신기술과 과학기술을 농어업을 포함한 산업 전반에 적용해 창업이 숲을 이루고, 일자리를 만드는 정책을 추진하겠다”고 말했다.

이 같은 구상을 구체화시킨 것이 2012년 10월 20일 발표한 ‘창조경제론’이다. 상상력과 창의력, 그리고 과학기술을 기반으로 하는 경제운용으로 성장동력을 확보하고 일자리를 창출한다는 것이다.

기존의 경제발전 방향이 추격·모방형이며, 양적성장을 추구하고 있어 일자리와 국민 삶의 질을 동시에 개선하기는 어렵다고 평가했다. ‘고용없는 성장’을 넘어 새로운 성장동력을 발굴해 지속가능한 경제발전 체제를 갖추는 전략을 추진해야 한다고 진단했다.

이를 위해 다른 나라를 따라가는 ‘추격·모방형 경제’에서 다른 나라를 앞서나가는 ‘선도·창의형 경제’로 경제 체질을 바꾼다. 경제성장률 지향의 경제에서 고용률을 높이는 쪽으로 경제정책을 전환한다.

창조경제의 첫 단계가 정보통신기술을 활용한 ‘스마트 뉴딜’이다. 과학기술과 IT라는 비타민을 통해 시들어가는 여러 산업에 생기를 다시 불어넣는다는 계획이다. 세계 최고 수준의 기술과 인프라를 갖고 있는 정보통신기술을 산업 전반에 적용하고

목표	- 과학기술과 IT 통해 산업에 생기를 불어넣겠다. - 새로운 성장동력으로 양질의 일자리 창출
이행 방안	- 경제 체질을 다른 나라를 앞서가는 선도형 경제로 변화 - 전통 제조업의 고부가가치화, 서비스업 일자리 창출 - 성장률보다 고용률 높이는 방향으로 경제 정책 전환 - 소프트웨어 산업을 미래성장산업으로 육성 - 새로운 기업이 끊임없이 탄생하는 창업코리아

융합해서 새로운 성장동력과 일자리를 창출하는 정책이다. 정보통신기술을 농어업에 적용해 고부가가치 농어업을 만들고, 제조업에 활용해 경쟁력을 높이고, 서비스업에 적용해 새로운 시장, 새로운 일자리를 창출한다는 것이다. 산업구조의 체질 자체를 뜯어 고치겠다는 개념이다.

관광 산업과의 융합을 대표적인 사례로 제시했다. 특수안경을 착용하고 경복궁을 관람하면 안경에 왕과 왕비 등이 나오는 3차원 가상현실이 구현돼 조선시대를 체험할 수 있다는 내용이다. IT 융합을 통해 농수산물의 생산과 유통을 선진화할 수도 있다. 농어업 현장에 필요한 전문지식 제공, 소프트웨어 보급, 농작업의 체계적인 기록 관리를 통한 과학적 영농체계 기반 조성, 농수산물 전자상거래(B2B), 학교급식 통합발주 확대, 스마트 가상스토어 등을 통해 유통 효율화를 이룰 수 있다는 생각이다.

스마트뉴딜을 뒷받침하기 위해 세계 최고 수준의 네트워크 인프라를 구축하고, 정보통신기술(ICT) 강국의 위상을 지킨다는 계획이다. 정보통신 생태계 조성의 일환으로 지역주민센터, 우체국 등 공공지역을 중심으로 무선 와이파이를 1만 개소로 확장하고, 지금보다 10배 빠른 유선인터넷, LTE보다 40배 빠른 무선인터넷 망을 구축할 계획이다.

또한 통신요금을 인하하기 위해 이동통신 가입비를 폐지하고 스마트폰 가격을 인하한다. 이용자 간 차별 금지를 골자로 하는 방송통신이용자보호법을 제정하겠다는 점도 약속했다. 스마트폰, 인터넷, 휴대형 단말기 등 실질적인 N스크린시대가 열리는 것에 맞춰 방송법도 개정해야 한다는 원칙을 세웠다. 들쑥날쑥한 유료방송 법체계를 일원화하고, 혼란이 반복되는 IPTV 규제도 개선할 계획이다.

재원 조달은 과거와 같이 대량으로 재정을 투입하는 방식이 아니라, 정부는 각종 인프라와 제도 개선에 주력하고, 민간의 참여와 투자를 확대하는 방식으로 진행한다. 글로벌 금융위기 직후 11조 2,000억 원의 예산을 투입해 공공근로사업으로 80만 명의 일자리를 만들었지만 재정을 투입한 단기적 일자리는 여러 가지 부작용을 가져온 바 있다.

증세는 마지막 수단, 세금 부담 줄인다

반값 등록금, 무상보육, 클라우딩 정부 구축.

박근혜 당선자가 내놓은 공약 중 상당수는 정부가 국민 세금을 투입하지 않으면 안 되는 사업들이다. 모두 새로 신설되거나 확대되는 것으로 지금까지 정부가 쓰지 않았던 돈들을 새롭게 써야 한다.

그러나 MB 정부는 '균형재정'을 목표로 하고 있으며, 실제로 근접하게 이뤄 놓고 있다. 정부가 버는 돈(세입)과 쓰는 돈(세출)이 거의 같다는 얘기다. 이를 뒤집어 보면 정부가 추가로 쓸 자금여력이 없다는 뜻이 된다. 약속을 지키자니 정부 곳간에 돈은 없고, 그렇다고 약속을 지키지 않으면 박근혜 대통령을 통해 열망했던 국민들의 뜻은 이뤄지지 못하게 된다. 결국 어떻게든 돈을 마련하는 것이 답이다.

방법은 여러 가지가 있다. 통화당국이 돈을 더 발행해서 마련하거나, 정부가 돈을 빌리거나, 세금을 더 걷는 방법 등이 쓸 수 있는 수단들이다. 그러나 셋 다 만만치 않은 장애물이 있다.

먼저 통화당국이 돈을 더 발행하는 방법을 사용한다면 인플레이션을 유발할 수 있다. 이 경우 '공약 이행을 위해 서민들의 가장 큰 고통 중 하나인 물가상승만 부추겼다'라는 비난을 면하기 어렵다. 정부가 돈을 더 빌리면 재정건전성이 악화된다. 자칫하면 국가 신용등급이 떨어질 수도 있어 정작 어려울 때 돈을 빌리기 더 힘들 수도 있다. 세금을 더 걷는 것은 경제주체들의 의욕을 꺾어서 전반적 성장과 경기를 악화시키는 문제로 이어질 수 있다. 어떤 방법 하나 쉽게 사용하기 힘들다. 그렇다면 박 당선자는 어떤 방법으로 공약 재원을 마련할 것인가?

근혜노믹스의 핵심 철학은 '증세는 마지막 수단'이라는 한마디로 요약된다. 세금을 내는 국민들이 바로 표를 찍는 유권자라는 점에서 증세를 주장하기 부담스러웠던 점이 다소 작용했을 수도 있다. 2007년 한나라당 대선 후보 경선 당시 박 당선자는 세금과 정부 규모를 '줄'이고, 불필요한 규제를 '풀'고, 법질서를 '세'우자는 내용의 이른바 '줄푸세'공약을 내걸었다. 당시에는 '감세'를 화두로 내걸었던 셈이다.

하지만 2012년 대선 과정에서는 감세 이야기를 전혀 하지 못

2012년 10월 매일경제가 주최한 세계지식포럼에 참석해 김용 세계은행 총재와 인사를 나누고 있는 박근혜 당선자

하는 상황이었다. '어떻게 복지 재원을 마련할 수 있을까'에 포커스가 맞춰진 가운데 박 당선자는 '증세 대신 할 수 있는 정책들을 펴겠다'라고 밝힌 셈이다. 후보 시절 대선 후보 TV토론회에 출연해 "경제도 어려운데 (국민들에게) 무조건 (세금) 부담을 드리는 것은 옳지 않다"며 "증세는 마지막 수단이 돼야 한다"라고 말했다.

그렇다면 어떤 대책이 있을 수 있을까? 박 당선자는 "전문가와 오랜 연구 끝에 1년에 27조 원 세이브(절약)할 수 있는 방안을 도출했다"며 "낭비와 비효율적 운영을 줄이고 복지 전달체계의 효율성을 높일 수 있는 부분이 많다"고 설명했다. 특히 "비과세 감면 같은 것 중에서 일몰이 돌아와도 계속 되는 게 있다"며 "일몰은 그대로 지키겠다"고 말해 정치권에서 속출하고 있는 일몰연장안에 따른 감세기조에 제동을 걸어야 한다는 의사를 밝혔다.

반값등록금·무상보육·경제민주화 등 자신이 제시한 주요 공약에 대한 진정성을 묻는 질문에 대해서도 "무책임하게 재원도 생각하지 않고 무언가를 하겠다는 것은 절대 아니다"라며 "절대적으로 진정성 있는 정책들"이라고 말했다. 그는 "증세를 해서 국민들에게 부담을 주면서 하는 것은 정책이 아닌 누구나 할 수 있는 것"이라며 "정책은 창조적 아이디어를 통해 국민의 고통을 덜 수 있도록 진정성 있게 노력할 때 나오는 것"이라고 강조, 증세에 대한 부정적 입장을 재차 피력했다.

결국 요약하면 '세금을 늘리겠다'는 것이 아니라 '씀씀이를 줄이고 선심성 세금 면제 조치들을 없애겠다'는 것이 중심이다. 박 당선자는 후보 시절인 2012년 11월 20일 여의도 당사에서 기자간담회를 갖고 재원 조달 방안의 원칙을 '6(세출구조 조정)대 4(세입 증가)'라고 소개했다. 그는 당시 "국민들에게 부담을 안기기 전에 해야 될 도리는 투명하게 나라살림이 운영됐나 챙기고, 씀씀이가 헤픈 게 없는가 따지는 것"라면서 "허투루 낭비되는 쓰임이에서 6을 챙기고 4는 새로운 비과세·감면을 통해 세원을 마련하겠다는 것"이라고 설명했다. 그는 또 "여태까지 많은 정책이 나왔지만 나중에 잘 지켜지지 않은 게 많다"면서 "(비과세·감면의 경우) 나중에 또 필요할 때 할지언정 일몰제로 돼 있는 것은 다 지킨다는 것이 원칙"이라고 말했다.

결국 재원 마련은 정부 예산의 쓰임이 줄이기가 우선순위로 거론될 것으로 보인다. 하지만 이는 예산 정책이다. 결국 세제 정책에 있어서 박 당선자의 우선순위는 소득신고를 부당하게 해서 세금을 탈루한 사람들을 정리하고, 세금을 내지 않은 사람들에게서 체납세금을 받아 내는 것에 먼저 초점이 맞춰질 것으로 보인다. 하지만 이 역시 국세청 등과 같은 징세기관의 몫이다.

결국 국민들에게 주어지는 세금 부담과 관련된 조세 정책 차원에서 실천해 나가야 할 근혜노믹스는 각종 인센티브 및 정부 정책 차원에서 실시되는 세금 면제 조치, 법인세 면제 조치 등을 없애겠다는 것이 핵심이다. 정부 역시 이런 면세 조치를 없애는 것에 대해 찬성한다. 특히 정치권의 선심성 조세 감면 의원입법들이 많아서 정부가 정작 필요한 재정을 확보하지 못했다는 것이 정부의 시각이다.

기획재정부 관계자는 "국회가 예산을 증액할 때 반드시 정부와 협의하도록 돼 있지만 세수에 막대한 영향을 미치는 비과세·감면에 대한 의원입법은 제동을 걸 수 없는 것이 사실"이라며 "조세연구원에 연구용역을 발주했고 결과가 나오는 대로 국가재정법이나 조세특례제한법에 반영할 수 있도록 할 것"이라고 말했다. 15대 국회에서 고작 9건에 그쳤던 조특법 발의 의원입법은 18대 국회에서는 363건으로 급증했다. 17대 국회 때 166건에 비해서도 두 배가 넘는 수치다.

이미 각종 비과세·감면으로 인해 덜 걷은 세금 액수는 2011년에 30조 6,194억 원으로 30조 원을 돌파했다. 2012년도 1조 원 이상 늘어 31조 9,971억 원까지 증가할 것으로 보인다. 재정부 관계자는 "국가부채가 393조 원에 달한 것에 비하면 10분의 1이 넘는 규모"라고 말했다. 박근혜 당선자가 주장한 '1년에 27조 원'과 일단 비슷한 금액이다.

재정부 관계자는 "지금껏 정부가 할 수 있는 것은 의원들을 찾아다니며 일일이 설득하는 것뿐"이라며 "이제는 예산 낭비에 대한 책임을 묻는 등 포퓰리즘 성격이 강한 법안을 합리적으로 걸러 낼 수 있는 시스템이 필요하다"고 말했다. 정부는 이와 함께 비과세, 소득공제, 세액공제, 우대세율 적용 등 각종 조세감면제도에 대해 성과관리제도를 도입해 불필요한 세제 지원을 축소·폐지하는 작업에 착수했다. 이는 사실상 증세로 볼 수도 있지만 '감면해 줬던 것을 없애는 것'이라는 차원에서 증세와 달리 볼 여지가 있는 부분들이다.

추가적 증세에 대한 박 당선자의 태도는 부정적이다. 그는 "어려운 시절에 국민에게 부담을 줘선 안 된다"면서 "낭비되는 것, 효율성을 높이는 데 최선을 해야 한다"며 유보적 입장을 나타냈다. 토빈세 도입과 관련해서는 "외국의 자본에 대해 직접적으로 규제하는 부분이어서 우리나라가 독자적으로 도입하기보다는 국제적으로 공론화해서 공감대를 이뤄야 한다"며 사실상 반대 입장을 밝혔다.

박 당선자의 세제개편 방안을 통해 국가가 벌어들일 수 있는 재정수입은 얼마나 될까? 박 당선자는 이 수입을 5년간 48조 원으로 잡았다. 정부는 1년 동안 30조 원 가량이 비과세 감면조치 폐지로 얻을 수 있는 수입이라고 밝혔기 때문에 현재 존재하는 세금 면제 조치들을 2013년부터 전면 폐지하지는 않겠다는 얘기다. 박 당선자는 세입의 확충폭과 방법에 대해서는 국민대타협위원회를 통해 각계의 의견을 수렴할 계획이라고 밝혔다.

일부는 쓸 돈(지출예산)을 줄이는 방안도 일부 추진하여 재원마련을 할 것으로 예상된다. 후보 시절 캠프 측은 5년간 71조 원을 예산 절감 및 세출구조 조정을 통해 마련하겠다고 밝혔다.

박 당선자 역시 후보 시절 "불필요한 사회간접자본(SOC) 투자들을 최대한 줄여야 한다"며 "지금은 복지 확장기인데 틀을 잘못 잡으면 국가 재정건전성이 굉장히 훼손되는 만큼 모든 틀을 갖춰야 된다는 생각으로 이런 계획을 짜고 있다"고 밝혔다. 복지지출 효율화(10조 6,000억 원), 기타 재정수입 증대(5조 원) 등을 통해 재원을 마련하겠다는 계획도 있다.

그러나 증세 없는 공약재원 마련이 어렵다는 비판적 시각들도 많다. 연간 27조 원을 마련해도 공약을 위해 쓰기에는 충분치 않아 결국에는 세금을 늘리는 방향으로 갈 수밖에 없다는 비판이 먼저 나온다. 27조 원은 GDP 대비 2% 수준이기 때문에 규모가 작다는 것이다. 이명박 정부 때 법인세, 소득세 등을 감면해서 줄어든 세수가 63조 8,000억 원 규모인데 세금을 늘리지 않고 27조 원을 마련하겠다는 것 자체가 어불성설이라는 비판도 있다.

이 때문에 대선 시절 박 캠프 내에서는 증세 방안에 대한 내용도 토론이 되었다. 특히 부가가치세 인상안이 주목을 받았다. 현재 우리나라의 부가가치세는 10%이지만 OECD 평균은 17~18%인 것으로 조사되고 있다. 하지만 이 방안은 정치권 안팎의 공세 때문에 정식 공약으로 채택되지는 못했다. 다만 '박 후보 캠프가 부가세 인상 방안에 대해 긍정적이다'라는 분위기만이 외부에 전달됐을 뿐이다. 이밖에 법인세보다는 소득세를 인상하되, 금융소득종합과세 기준을 강화하고 주식양도차익과 세범위를 넓히는 증세안도 활발히 논의됐다.

맞춤형 복지로
사회적 약자층 품는다

18대 대선의 최대 화두는 '복지'였다. 17대 대선의 주안점이 성장과 경제였던 것과 비교하면 5년 만에 시대의 요구가 완전히 달라진 것이다. '더 많은 복지', '더 넓은 복지'를 향해 대선후보들이 앞 다퉈 경주할 때 박근혜 당선자는 '촘촘한 복지'를 들고 나왔다.

복지의 외연을 넓히되, 보편적 복지가 아닌 선별적 복지에 더 무게를 둔 것이다. 선별적 복지와 함께 복지의 사각지대를 해소하는 것이 박 당선자의 복지 정책이다. 2004년 국회의원 총선 때 내세웠던 생애주기 맞춤형 복지와 가족행복 5대 약속의 기본 틀을 바탕으로 이번 대선 공약에선 의료 분야의 복지에 특히 강조점이 찍혔다.

박 당선자의 복지 정책은 크게 두 가지로 나눌 수 있다. 하나는 실질적인 지원을 통해 절대 빈곤에서 벗어나게 하는 것이고, 두 번째는 노인 및 취약계층 위주로 파격적인 의료 혜택을 주는 것이다.

복지 빈곤층 사각지대 없애기

박 당선자의 공약은 차상위계층 기준을 올리고 부양의무자 기준도 개선하는 것이다. 이는 기존 기초생활수급자제도가 부양가족에 대한 기준이 지나치게 엄격해 지원을 받지 못하는 극빈층이 많았다는 반성에서 나왔다. 가족이 부양 의사가 있든 없든, 실제로 부양능력이 있든 없든 부양가족이 존재하면 무조건 기초생활수급자 자격에서 탈락해 정착 지원이 필요한 사람이 지원을 받지 못하는 폐단이 있었다. 박 당선자는 부양의무자가구의 소득인정액 기준을 수급신청가구의 최저생계비를 제외한 후 부양의무자가구의 소득인정액으로 변경하는 방안을 염두에 두고 있다. 부양의무자 기준도 중위소득 이상으로 상향 조정될 것으로 보인다.

박근혜 캠프는 비현실적인 재산의 소득환산제 때문에 비수급 빈곤층 등의 사각지대와 잠재적 빈곤위험계층이 광범위하게 존재한다는 인식 하에 소득환산제 개선을 약속해왔다. 소득환산제와 부양의무자 추정에서 나온 결함 때문에 비수급빈곤층 229만 명에다 현행 차상위계층 165만 명까지 더해져 광의의 사각지대에 있는 국민들이 394만 명에 이른다는 계산이다.

차상위계층 역시 현재는 최저생계비의 120% 수준인데 기준을 좀 더 상향해야 한다는 문제 인식 하에 개편이 추진된다. 현행 차상위계층 개념 및 기준을 OECD 등 국제기구가 활용하고 있는 '상대적 빈곤기준'에 해당하는 '중위소득 50%'로 확대하는 것이다. 이를 통해 79만 가구, 131만 명이 차상위계층에 추가돼 맞춤형 빈곤 정책 대상으로 편입된다.

재산의 소득환산제도도 개선한다. 박 당선자가 재산의 소득환산제도를 손보는 이유도 필요한 계층에 적절한 지원을 하기 위한 기본 시스템 구축 차원에서 이해할 수 있다. 지금까지 각종 정부 지원의 기준이 되는 소득은 재산의 현금 흐름을 반영한 것이었다. 그러나 이는 주택, 자동차 등의 자산을 환산하는 데 불합리한 점이 있었다. 소득이 적은데도 집 한 채 있다는 이유, 차를 보유하고 있다는 이유로 지원 대상에서 탈락하는 경우가 있었다. 박 당선자는 주거용 재산에 대한 공제 범위를 확대하여 지역별 기초공제액 수준과 재산의 소득환산율을 현실화할 것으로 보인다.

기초생활보장제 맞춤형 급여로 개편

'전부 또는 전무(全無)' 시스템 때문에 탈수급 의지를 오히려 약화시킨다는 비판이 많았던 기초생활보장제도의 통합급여체계도 맞춤형 급여체계로 개편한다.

현행 생계급여를 제외한 나머지 급여는 모두 생계급여 수급 여부와 상관없이 개별적인 선정기준에 의해 분리·운영되는 맞춤형 급여체계로 전환된다. 의료급여, 주거급여, 교육급여, 자활급여는 부처 간 칸막이를 해소, 유사한 정책 간 연계 및 통합을 추진하여 국민의 생활영역별 통합 맞춤형 급여체계로 재설계하여 운영된다.

생계급여는 현행 현금급여기준선을 기초로 주거급여와 분리한다. 타 부처 복지사업 검토에 의한 타법지원액 조정 등을 통해서 생계급여기준선을 합리적으로 산출하여 적용할 전망이다. 주거급여는 주거복지와 관련된 영역에서 추진되고 있는 국토해양부의 공공임대 주택사업, 주택바우처, 주거환경 개선사업, 지식경제부의 에너지바우처 등과 종합적으로 연계·검토하여 부처 간 통합 맞춤형 주거복지제도로 재설계된다. 교육급여는 초·중·고 수업료 및 각종 부가적인 교육비용 지원을 위한 교육바우처 등 맞춤형 교육복지제도로 재설계하여 운영한다. 의료급여의 혜택은 근로활동에 참여하여 탈수급하고, 건강보험

가입대상에 해당할 경우 사회보험료 지원과 연계하여 보험료 부담을 완화하는 방향으로 간다.

사회보험료 지원체계도 새로 구축한다. 전 국민을 대상으로 사회보험 사각지대 해소 및 사회보험 가입이력을 관리함으로써 생애주기에 따라 미래에 발생 가능한 다양한 빈곤 위험을 사전에 예방한다. 근로자 및 영세자영자는 사업장 규모에 관계없이 일정 소득 이하인 경우에 소득수준별로 사회보험료를 차등 지원한다. 고용주는 5인 이하 사업장에 한해 일정 수준 소득 이하의 근로자 지원액에 상응하는 금액만큼 사회보험료가 지원된다.

기초노령연금 20만 원 수준으로 상향

기초노령연금은 점진적으로 인상될 것으로 보인다. 박 당선자는 대선 당시 경쟁자였던 문재인 후보와는 달리 기초노령연금 인상폭에 대한 확실한 공약을 하지 않았다. 그러나 월 9만 원 정도인 기초노령연금이 노년층들의 실질적인 생활 대책이 되지 않는다는 지적이 대선 기간 동안 계속 나왔던 점을 감안하면 기초노령연금 인상은 임기 내 가시화될 것으로 보인다. 박 당선자 역시 "평생 국민기초연금을 도입해서 연금을 내지 못하는 어르신들도 월 20만 원 정도를 받으실 수 있도록 하겠다"고 공약한 바 있다.

2008년 기초노령연금 입법 당시 '기초노령연금법' 부칙에 따라 2028년까지 기초노령연금 급여율을 5%에서 10%로 인상해야 한다고 법적 근거가 마련되었기 때문에 큰 무리 없이 추진할 수 있는 사안이기도 하다.

의료복지에 대해서도 일단 중증환자 및 저소득층을 우선적으로 고려하는 정책이 추진될 것으로 보인다.

의료복지는 18대 대선의 정책 공약 중 가장 눈에 띄는 분야 중 하나였다. 당시 문재인 후보가 '의료비 상한선 100만 원'이란 파격적인 공약을 들고 나왔다. 박 당선자 역시 '4대 중증질환 100% 국가 책임제'를 전면에 내세웠다. 암, 심장질환, 뇌질환, 희귀 난치성질환 등과 같은 4대 중증질환에 대해서 2016년까지 국가가 100% 부담하겠다는 정책이다. 이는 암과 같은 중증질환에 걸리면 수천만 원에 달하는 병원비 때문에 가정경제가 순식간에 휘청거리는 현실을 십분 반영한 것이다. 이를 통해 본인부담 의료비가 연간 500만 원 이상인 환자 중 4대 중증 질환 환자에 해당하는 51만여 명이 수혜를 볼 것으로 예측된다.

노인층에 대한 지원도 눈에 띈다. 박 당선자는 후보 시절 '65

세 이상 노인들에게 임플란트 무료 치료'와 '경증 치매환자의 장기요양보험 확대'를 공약으로 내세웠다.

저출산 추세에 대응하고 양육 부담을 완화한다는 차원에서 아동에 대한 의료 지원도 확대된다. 6세 어린이 진료비의 본인 부담금을 50만 원으로 상한하기로 했고, 영유아 예방접종 지원 확대를 통해 현재 64%인 건강보험의 보장성을 단계적으로 80%까지 끌어올리겠다는 것이다. 4대 중증질환 중 암과 중풍에 대해서는 국가가 100% 치료비 부담을 하는 것 이외에 임플란트와 경증 치매 같이 대다수의 노인들이 겪는 질환에 대해서도 지원을 약속한 것이다.

의료보험 보장액 세분화로 병원비 부담 줄여

비급여 항목에 대한 수술도 이어진다. 건강보험을 통해서도 보전을 받지 못하는 비급여 항목이 가계에 큰 부담이 되는 상황이고 의료계에서는 수익성을 이유로 비급여 항목을 계속 늘리고 있다.

박 당선자는 의료비 보장 항목인 급여 항목을 80% 수준까지 늘린다는 계획이다. 다만 시점이 명시되지 않았고, 의료계의 반발을 고려해 보면 공약 실행이 다소 어려울 수도 있다.

의료보험 보장에 관해서는 일률적인 상한제보다는 100만 원

박근혜 당선자가 대선 기간 중 군부대를 방문해 장병들과 환담을 나누고 있다.

구간을 신설하고 본인부담 상한제를 세분화하는 방향으로 간다. 현재 의료보험 보장액은 소득에 따라 200~400만 원의 상한을 부담하는 방식으로 되어 있다. 소득 상위 20%는 본인이 부담하는 의료비 상한액이 400만 원이다. 소득 상위 50%는 300만 원이다. 그 외에는 모두 200만 원의 상한제에 해당한다.

박 당선자의 공약은 저소득층을 위해 100만 원 구간을 새로 만들어 1년에 의료보험 급여 중 부담하는 금액을 최대 100만 원으로 낮춘 것이다. 또한 현재 100만 원 단위로 나눠져 있는 구간을 더욱 세분화하게 되면 작은 소득 차이로 의료부담액이 100만 원씩 차이 나는 일이 없게 된다.

예를 들면 2011년 직장 가입자 기준 월 납부 보험료 5만 6,400원의 경계로 200만 원 상한과 300만 원 상한이 나눠져 있다. 이 경우 5만 6,000원을 내는 사람은 200만 원이 월 상한이 되지만 5만 7,000원을 내는 사람은 300만 원이 상한이 된다. 소득 차이는 크지 않지만 부담의 상한은 100만 원이나 되는 불합리한 점을 개선하기 위해 본인부담 상한제 세부화라는 정책을 들고 나온 것이다.

의료복지에서 공공성을 도입해 환자 부담을 보다 완화하는 것도 박 당선자 복지 정책의 큰 그림이다. 18대 대선 당시 새누리당 박근혜 캠프에서 직능총괄본부 보건의료본부장을 맡았던 박인숙 의원은 "박근혜 후보의 공약 중 하나는 보건소를 예방 중심의 지역건강증진센터로 변경하고 공공간병인과 호스피스 제도를 도입하는 것이다"라고 밝힌 바 있다.

미래형 창조정부로
성장 패러다임 재구축

"대한민국 경제를 이끌어갈 새로운 경제발전 패러다임으로 창조경제론을 제안합니다. 이를 위해 미래창조과학부를 신설해 경제 각 부문의 상상력과 창의성 배양, 미래를 선도할 신성장동력, 일자리 창출을 연계할 것입니다."

2012년 10월 18일, 서울 여의도 새누리당 당사에서 열린 기자회견에서 박근혜 당선자(당시 새누리당 대선 후보)는 '창조경제론'을 꺼내들었다. 근혜노믹스의 핵심인 창조경제론은 국민 실생활에 도움이 되는 생활밀착형 '국민행복기술'을 집중 육성해 이를 산업 전반으로 확산하겠다는 전략이다. 당시 그는 고인이 된 스티브 잡스 애플 공동창업자를 구체적인 사례로 언급했다.

"스티브 잡스는 무한한 상상력으로 이미 존재하는 기술을 엮어 세상을 이끌었습니다. 이러한 창조경제를 통해 경제체질을 다른 나라를 따라가는 추격형에서 다른 나라를 앞서가는 선도형으로 바꾸겠습니다."

박 당선자가 던진 화두의 상당 부문은 미래에 방점이 찍혀 있다. 이를 위한 첫 단추는 정부 운용 방안이다. 그 대표적인 것이 미래창조과학부 신설로, 이를 통해 창조경제 구축과 선도형 경제로 전환하겠다는 복안을 갖고 있다.

향후 만들어질 미래창조과학부는 창의적인 융합인재를 육성하고 한국의 미래를 이끌 연구와 지식생태계를 위한 법제도를 지원하는 부처로 자리 잡게 한다는 게 박 당선자의 판단이다. 특히 그는 미래창조과학부를 해양수산부와 더불어 반드시 설립해야 할 양대 부처로 언급했다. 그만큼 관료 사회에서 어떠한 반론을 제기하더라도 반드시 관철하겠다는 의지를 밝힌 대목이다.

미래창조과학부 설립을 위해 어떤 부처가 합쳐지는지에 대한 똑 부러지는 설명은 없다. 하지만 일단 현 정부에서 교육과학기술부로 흡수 통합된 옛 과학기술부를 떼어내고 정보통신기술을 담당하고 있는 방송통신위원회를 합하며, 지식경제부의 소프트웨어산업 부문을 더할 것이라는 게 참모진들의 공통된 의견이다. 이는 곧 지식경제부와 교육과학기술부, 방송통신 위원회 개편으로도 이어질 수 있는 셈이다.

미래창조과학부는 앞으로 우리나라가 IT 최강국으로 자리를 굳히는데 촉매제 역할을 할 전망이다. 앞서 박 당선자는 이에 대한 구체적인 생각을 밝힌 바 있다. "우리나라 정보통신기술 종사자가 100만 명에 달한다는 것은 저변이 그만큼 넓다는 뜻입니다. 저는 정부의 지원만 제대로 이루어지면 우리나라가 얼마든지 ICT 최강국으로 도약할 수 있다고 생각합니다."

각 부처는 박 당선자 의지에 따라 해산과 통폐합을 거듭할 것으로 보인다. 박 당선자는 "정책 추진이 칸막이 식으로 이루어지면 정보통신 생태계의 발전이 늦어지고, 창조경제의 기반을 마련하기 어렵다"면서 "각 부처에 흩어져 있는 정보·통신·방송 관련 정책기능을 통합하고 관장하는 전담부처 설치를 적극 검토하겠다"고 밑그림을 그린 바 있다.

하지만 미래창조과학부 신설, 해양수산부 부활을 제외하고는 강력한 뜻을 내비친 정부 조직 개편 방안은 내놓지 않았다. 이는 박 당선자가 잦은 정부 조직 개편의 폐해를 인식하고 있다는 것을 보여준다.

앞서 매일경제가 국가기록원 데이터베이스를 토대로 1948년 정부 수립부터 지금까지 중앙정부 부처 설립 현황을 분석한 결과, 지금껏 명칭과 기능을 그대로 유지하고 있는 곳은 국방부, 대검찰청, 법무부 단 세 곳뿐이었다. 수많은 부처가 존폐를 거듭한 가운데 특히 1993년 문민정부가 집권하면서 부처 설립과 폐지 건수가 급속도로 증가했다. 1970년대 11개, 1980년대 12개 부처가 각각 새로 설립된 반면 1990년대에는 46개 부처가 새로 만들어졌다. 2000년대 이후에도 25개가 설립됐다. 1990년대 이후 폐지된 부처는 무려 77개로 1970~1980년대 13개보다 6배 정도 많았다.

특히 여성부와 체육부는 정권마다 헤쳐모여를 거듭하면서 제대로 된 전략이 부재했다는 평을 받았다. 1997년 대선에서 여성부 신설을 공약으로 내걸었던 당시 김대중 대통령은 집권 4년차에 대통령 직속 여성특별위원회를 여성부로 승격한 바 있다. 여성부는 그 후 12년간 여성부 → 여성가족부(2005년) → 여성부(2008년) → 여성가족부(2010년)로 계속 바뀌었다. 국무총리실, 보건복지부, 노동부, 법무부 등과 중복 업무가 상당하지만 표심과 상징성이라는 타이틀 때문에 정치 지형에 따라 우여곡절이 컸다.

체육부도 비슷한 절차를 밟았다. 1982년 올림픽 지원을 목적으로 체육부가 신설됐지만 운명은 길지 못했다. 첫 체육부 장관에는 노태우 정무제2장관(전 대통령)이 임명됐다. 앞서 대통령

특사로 바티칸을 방문해 교황 요한 바오로 2세의 한국 방문을 성사시킨 데 이어 또다시 스포트라이트를 받은 셈이다. 첫 단추부터 정책적이라기보다 정치적이었다. 체육부는 명확한 국정 철학 없이 즉흥적으로 만든 정부 조직이라 몰락의 운명은 정해져 있었다. 6년 뒤 노 장관은 13대 대한민국 대통령이 됐지만, 체육부는 노 전 대통령 4년차에 체육청소년부로 개편됐다. 30년간 체육 정책 조직은 문교부 → 체육부(1982년) → 체육청소년부(1991년) → 문화체육부(1993년) → 문화관광부(1998년) → 문화체육관광부(2008년)로 다섯 차례나 굴곡을 겪었다.

이러한 문제점을 인식하고 있는 박 당선자는 정부 조직 개편보다 시스템 운영 개편을 선호한다. 부처들이 직면한 난맥은 시스템을 통해 타파할 예정이다. 박 당선자가 새누리당 대선후보로 출마선언을 한 직후인 2012년 7월 11일. 그는 대전 정부통합전산센터를 방문한 자리에서 '정부 3.0'이라는 신개념 정부 운영 방안을 공약으로 내세웠다. 그만큼 박 당선자의 생각이 집중적으로 투영돼 있는 공약인 셈이다.

그의 발언은 이를 잘 대변한다. "공개·공유·소통·협력이 정부 운영의 핵심가치가 되어야 합니다. 한 방향의 '정부 1.0'을 넘어, 쌍방향의 '정부 2.0'을 구현하고, 이를 바탕으로 개인별 '맞춤행복'을 지향하는 '정부 3.0'시대를 달성해야 합니다."

국회 기획재정위 의원으로 활약하고 있는 박근혜 당선자가 19대 국회에서 여당 수뇌부와 정책을 논의하는 모습

　박 정부는 '정부 3.0' 달성에 대한 완수 과제로 투명한 정부, 유능한 정부, 서비스 정부라는 3대 기치를 내걸었다. 이를 쉽게 풀어쓴 신조어로 투유서비스(To you service)를 제시했다. 투명하고 유능한 정부, 서비스 정부의 앞 글자를 딴 것이다.

　우선 정부 3.0 공약의 핵심은 행정정보 공개와 공유다. 이를 통해 부처별 헤쳐모여 없이 융합형 정부 조직으로 개편이 가능하다는 논리다. 인터넷을 기반으로 한 행정정보 공개는 역대 정부에서도 추진된 정책이지만, 근혜노믹스에서는 행정정보 공개가 국정 운영의 중심으로 자리 잡을 정도로 높은 비중을 두고 있다.

대표적으로 국정 전반에 클라우드 컴퓨팅 시스템을 도입한다. 공무원들이 지금까지 정보를 개인 하드디스크에 저장했다면 앞으로는 공용 정보집적장치인 클라우드 시스템에 저장해 다른 부처와 공유하는 것은 물론 국민 서비스에도 활용한다는 취지다. 예컨대 보건복지부가 노인복지 정보파일을 올리면 이를 지방자치단체, 민간 기업, 일반 국민도 이용할 수 있게 하겠다는 것이다. 정보 공유를 통한 긍정적 외부효과를 일으키고 이를 경제 전반에 확대한다는 복안이다. 참모진들은 정부 2.0을 실현한 국가로 미국, 영국, 호주를 꼽는다. 박근혜 정부는 우선 2.0을 구현한 뒤 집권 5년 내에 3.0을 완수한다는 목표를 세워두고 있다.

박 당선자는 정부 3.0 정책이 경제성장을 위한 중심축으로 작동할 것으로 내다보고 있다. 특히 박 당선자는 앞서 '공공정보의 민간활용에 관한 법'(가칭)을 제정하겠다고 밝혔다. 이 법이 클라우드 컴퓨팅 시스템과 맞물리면 연간 최대 5조 3,000억 원 시장이 형성되고 최대 42만 개의 1인 창조기업이 창출될 것으로 관측한 바 있다.

클라우드 컴퓨팅 시스템을 도입하고 공공정보의 민간활용에 관한 법을 제정하는 것이 하드웨어적인 측면이라면, 민관 협업

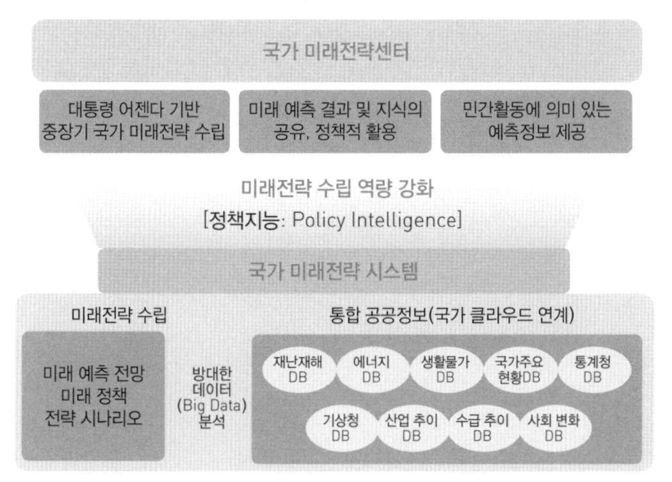

시스템은 소프트웨어적인 성격이 강하다. 박 당선자는 이를 이렇게 설명한다.

 "샌프란시스코의 경우, 개방형 혁신을 도입해 민관 협업으로 도시가 직면한 현안문제들을 해결하고, 실리콘밸리의 벤처기업들에게 신기술 개발과 새로운 사업기회를 제공하는 일석이조의 효과를 거둔 바 있습니다. 우리도 이와 같은 협업체계를 이용해 민간의 집단지성이 발휘되면, 국가의 정책역량이 한층 높아질 것입니다."

 정부 3.0의 마지막 과제는 국가 미래전략센터 구축이다. 클라우드 컴퓨팅 시스템을 활용해 방대한 지식정보체제를 구축하고, 이를 민간에 제공하는 것에 그치지 않고 부처별 공유를 통해 미래전략 시스템을 만들겠다는 것이다. 재난재해, 에너지, 생활물가, 국가주요현황, 통계청, 기상청, 산업 추이, 수급 추이, 사회 변화 등 부문별 데이터베이스를 만들고 이를 실시간 분석해, 미래 예측을 위한 전망과 시나리오 구축에 쓰겠다는 것이다.

박 당선자는 "국가 클라우드 컴퓨팅 센터의 방대한 지식정보를 체계적으로 분류하고, 과학적으로 분석하는 미래전략 시스템을 구축하겠다"면서 "국가 미래전략센터는 개별 부처를 아우르는 통합적인 관점에서 국가 미래를 전망하고, 중장기 발전전략을 수립하게 될 것"이라고 강조했다.

정부 3.0의 핵심은 결국 정보 공유에 있으며, 이는 관료들이 얼마나 기득권을 포기하느냐에 달려 있다. 정부 3.0이라는 키워드가 성공하기까지 험난한 굴곡이 기다리고 있다는 방증이기도 하다.

일과 가정이 양립하는
근무환경 설계

보육 정책은 근혜노믹스의 또 다른 핵심 정책이다. 사상 첫 여성 대통령답게 보육 정책에 큰 관심을 기울여 왔기 때문이다. 저출산의 위기로 보육 정책은 여성이나 가정의 문제가 아니라 국가 전체의 문제이며, 국가가 함께 해결해야 할 과제라는 인식 속에서 무상보육, 육아휴직 확대 등에 초점이 맞춰질 전망이다.

박근혜 당선자의 보육 정책은 '여성이 마음 놓고 일할 수 있는 나라 만들기'라는 정책 목표에서 나온다. 양육의 책임을 가족이 함께 나누고 일터는 가족의 삶을 배려하며, 정부가 가족의 행복을 책임져야 여성이 마음 놓고 일할 수 있는 나라를 구현할 수 있다는 구상이다.

근혜노믹스의 핵심 중 하나가 바로 여성이다. 그는 여성은 대한민국의 신성장동력이며 여성의 행복은 국민 행복의 시작이란 문제 인식하에 '여성이 마음 놓고 일할 수 있는 나라 만들기 7대 약속'을 발표했다.

7대 약속은 ① 아이 키우는 여성을 위한 맞춤형 보육시스템 구축, ② 모든 맞벌이 부부에게 방과후 돌봄서비스 제공, ③ 아빠의 달을 도입해 아빠 출산휴가 활용, ④ 임신 기간에는 근로시간 단축제 도입, ⑤ 가족친화적 중소기업 근로자에게 가사도우미 서비스 제공, ⑥ 적극적 고용제도 강화로 관리직 여성 일자리 확대, ⑦ 자녀장려세제 신설이다.

맞춤형 보육을 통해 선택폭 확대

맞춤형 보육이란 개인의 상황에 맞는 보육서비스를 제공하는 것이다. 지금과 같이 부모의 상황이나 여유시간과 관계없이 일률적으로 어린이집 비용 전액 지원이란 무상 보육의 틀에 머물지 않고 다양한 육아서비스가 제공된다. 선택적 시간제 보육으로 전업주부나 프리랜서 엄마들의 탄력적인 보육서비스 이용이 가능해진다. 맞춤형 보육시스템를 중심으로 한 종합육아서비스 체계를 구축해 임신과 육아부담을 덜어주는 것이 보육정책의 핵심이다.

'맞춤형 보육'은 과거와 같은 어린이집 시설을 이용하는 아동에게만 지원이 이뤄질 경우 한정된 어린이집 정원 수 때문에 누구도 만족스러운 결과를 얻을 수 없다는 반성에서 시작됐다. 보편적 복지 차원에서 무상 보육의 틀은 그대로 유지하면서 그에 따른 폐단을 해결하는 것이다.

2011년 말 국회에서 졸속으로 만 0~2세 무상 보육안이 통과되면서 1년간 많은 시행착오가 있었다. 어린이집 비용이 무료가 되면서 보육수요가 21% 가량 증가했다. 또한 어린이집이 반나절만 아이를 맡기는 외벌이 부모들을 더 선호하면서 맞벌이 부모들의 영유아들이 순위에서 밀리는 부작용도 있었다.

박 당선자의 '맞춤형 공약'은 이 부분을 겨냥했다. 무상 보육 기조를 그대로 유지하되 양육수당과 아이돌보미서비스의 보완책을 제시하면서 어린이집·유치원의 '가수요'를 줄이는 것이다. 어린이집이나 유치원에 자녀들을 보내는 부모들에게는 전액 지원하면서도 아이돌보미나 가사서비스가 동시에 제공돼 육아에 지친 부모들이 이용할 수 있게 한다. 그동안 아이돌보미 파견사업에 배정된 인력이나 예산이 한정돼 있어 이용이 어려웠다는 지적을 수용해 아이돌보미 파견사업 대상도 확대한다. 이를 통해 양육수당을 받고 가정에서 저렴한 비용으로 아이돌보미와 가사서비스를 이용하여 육아의 부담을 더는 부모들도 늘어날 것으로 전망된다.

박 당선자의 복지 정책 중 가장 '보편적 복지'에 축이 기운 분야는 보육이다. 보육은 특수 계층의 문제가 아니라 모든 가정이 안고 있는 문제란 공감대 때문이다. 박 당선자가 '일과 가정의 양립'을 정책철학으로 제시하면서 맞벌이 부부들의 애로사항과 경제적 부담을 더는 방향으로 보육 정책이 추진된다.

무상 보육은 만 0~5세로 확대되고 양육수당도 도입된다. 이명박 정부 임기 말인 2012년 보건복지부가 만 0~2세 전면 무상 보육 폐기로 정책 기조를 전환했지만 박 당선자는 당시 "총선에서 약속한 대로 지켜져야 한다"며 "상위 30%에 해당하는 분들도 다 빠듯하게 살아가는 젊은 부부들로 지원이 필요하다"고 강조한 바 있다.

만 0~5세 아동에게는 소득과 상관없이 어린이집에 보낼 경우 전액 지원되며 가정에서의 양육을 선택할 경우에는 양육수당이 주어진다. 양육수당 금액은 월 10~20만 원 수준이 될 것으로 전망된다.

박 당선자의 공약이 당초 일과 가정의 균형을 추구하는 '워킹맘'에 초점을 맞춘 것으로 보이지만 실제로는 '전업맘'들까지 수혜 대상에 넣은 것을 엿볼 수 있다. 양육수당을 통해 어린이집을 선호하지 않는 전업맘들이 가정에서 아이들을 양육하게

사상 첫 여성 대통령 당선자답게 여성·보육 분야에서 맞춤형 공약을 발표하는 모습

하는 유인요소가 될 것으로 본다.

어린이집 역시 확대한다. 박 당선자는 국공립 어린이집 시설을 매년 50개씩 확대해 부모들의 선호도가 높은 국공립 시설 부족 현상을 해소한다는 입장이다. 이를 통해 현재 9%(아동 수 기준)인 국공립 어린이집을 임기 말까지 30%까지 확대할 계획이다. 여기에 민간 보육 시설도 매년 1,000개씩 선정해 국공립 어린이집 수준으로 지원하기로 했다.

워킹맘들이 자녀들이 초등학교에 진학하면 방과후 시간에 대해 고민을 많이 한다는 점을 수용해 초등학교에 '온종일 학교'를 운영하기로 했다. 오후 5시까지 무료 방과후 프로그램을 제공하고 맞벌이 가정을 위해서는 '방과후 학교 운영 및 교육복지법'을 제정해 오후 10시까지 무료돌봄 제도를 실시한다는 계획이다.

방과후 돌봄서비스를 확대하기 위해서 부처별로 방과후 돌봄서비스 사업의 통폐합을 추진하고 일반 가구에까지 수혜 계층을 확대하도록 한다.

그리고 일·가정의 양립 지원 제도를 위한 사각지대를 없애기 위해 중소기업 여성 근로자들에게 혜택을 제공한다. 대기업 직원들에 비해 중소기업 직원들이 회사 차원에서 받는 복지 혜택이 작기 때문에 중소기업 및 영세자영업 여성 근로자들에게 초점을 맞춘 정책을 내놓은 것이다.

박 당선자는 가족친화적 중소기업 근로자들을 위한 제도적 개선점을 마련하겠다고 공약한 바 있다. 여성 고용률이 높은 가족친화적 중소기업에 월 1회(연 12회)의 가사서비스 혜택을 이용할 수 있게 지원하는 것이다.

취약 계층에는 현금성 보육 정책

취약 계층에 대한 맞춤형 정책도 있다. 박 당선자는 한부모가정 자녀양육비 지원액을 현행 5만 원에서 15만 원으로 늘리겠다고 공약했다. 또한 이혼한 배우자가 자녀양육비를 주지 않아 어려움을 겪는 한부모가정을 위해 양육비징수 이행기관을 신설한다.

여기에 저소득층의 자녀 수에 따른 세액공제액을 제공한다. 평균 소득의 120% 이하의 소득을 버는 가정에게는 세액공제 지원을 늘린다. 저소득층 가정에 대해서는 연간 소득 2,700만 원 이하의 가정에 조제분유와 기저귀를 제공한다. 이를 통해 저소득층은 약 월 30만 원의 양육비를 절약할 수 있다.

'임산부 영양관리 사업'의 대상을 크게 확대해 임신과 출산 부담을 사회가 함께 지는 것도 박 당선자의 공약이다. 또한 노산 등 고위험 임산부에는 별도의 진료에 따른 경비를 지원하고 고위험 분만통합치료센터를 설립한다. 여기에 분만 시설이 취약한 농어촌 지역에는 공공형 산부인과를 설치하고 산부인과 외래지원과 응급이송 시스템을 확보해 안심하고 출산할 수 있도록 지원하는 것도 박 당선자의 공약이다.

임신 및 출산 기간 동안의 휴가 지원에 대한 공약도 있다. 바로 임신 기간 중 부분 근로시간 단축이다. 임신 초기 12주 이전, 임신 말기 36주 이후에는 하루에 2시간씩 근로시간을 단축시켜 주도록 한 것이다. 급여는 그대로 유지된다. 여기에 '아빠의 달'을 만들어 남편에게는 출산 후 1개월의 유급 휴가를 보장하겠다고 했다.

박 당선자는 2012년 11월 15일 '전국 보육인대회'에 참석해 보육교사 처우 개선을 약속했다. 보육의 최전선에 있는 보육교사들의 만족도가 높아지지 않고서는 질 높은 보육이 힘들다는 판단 때문이다. 표준 보육비용을 법제화하고 0~2세 영아반 담임수당을 비롯해 처우개선비를 점진적으로 인상하는 것이 그의 공약이다.

박 당선자는 "보육교사들의 평균 근로시간이 하루 9.5시간인데 급여는 유치원의 70%에 불과하다"며 "하루 8시간 이상의 운영시간에 대해 정부가 지원할 수 있는 방안을 찾겠다"고 공약한 바 있다.

새누리당은 0~5세 무상 보육 및 양육수당에는 5년간 28조 원, 저소득층 0세 자녀에게 분유 및 기저귀를 제공하는 데는 5년간 1,400억 원 가량이 들 것으로 추정하고 있다.

민생에 초점 :
수출과 내수 쌍끌이 경제로

박근혜 당선자는 우리 경제를 '군에 보내 놓은 자식'이라고 비유한다. 마음은 간절하지만 가정을 떠나 타지에 나가 있어 생각만큼 든든하게 뒷받침해주고 있지 못해 안타깝다는 말이다. 대선 직전인 2012년 12월 10일, 중앙선거관리위원회가 주최한 경제 주제 TV토론회 기조연설에서 박 당선자의 이 같은 경제 철학이 단적으로 드러난다.

"자식을 군에 보내 놓은 우리 부모님들도 마음을 졸이며 자식 생각을 할 것입니다. 저도 우리 경제가 어려워 마음을 졸이고 있습니다. 세계 경제가 급변하고 글로벌 경제위기가 다가오고 있습니다. 동시에 주요국의 지도자들이 교체되고 있습니다. 이렇게 급변하는 국내외 도전을 이겨내고 다시 한 번 도약하기 위해서는 책임 있는 변화의 리더십이 필요합니다. 다음 대통령에

2012년 12월 10일 열린 제2차 대선 후보 TV토론에 참석해 경제 분야 공약을 발표하는 박근혜 당선자

게 무엇보다 시급한 과제가 민생을 살리고 미래에 대한 희망을 드리는 것입니다."

위기의 경제를 바로잡기 위해 필요한 전제조건은 중산층 복원이다. 박 당선자는 TV토론에서 정책 우선순위 제1 과제로 망설임 없이 중산층 복원을 꼽았다. 박 당선자는 "무너진 중산층 비중을 70%까지 끌어올리기 위한 중산층 재건 프로젝트를 즉각 실천에 옮길 것"이라고 강조했다. 또 복지재원을 마련하기 위해 지하경제를 양성화시켜 세원을 더 넓게 확보해야 한다는 견해도 내놨다.

하지만 대내외 상황은 결코 만만치 않다. 주요국 경기 침체 기간이 길어지는 가운데 가계부채 문제가 국내 경제를 무겁게 짓누르며 국내 양대 성장엔진인 수출과 내수가 급격히 식고 있다. 국책연구기관 등 정부 측에서도 일찌감치 2012년 2%대 성장을 못 박은 가운데 연 3% 저성장시대가 계속될 것이라는 암울한 전망이 쏟아지고 있다.

근혜노믹스의 경제 철학 원칙은 성장과 일자리, 일자리와 복지가 선순환되는 시스템 구축에 있다. 경제위기 탈출 액션플랜 차원에서 좀 더 구체적으로 들여다보면 가계부채 해결, 부동산 거래 활성화, 정보통신(ICT) 융합 등 신성장동력 육성 등이 문제 해법의 핵심 키워드로 요약된다.

근혜노믹스의 경기 침체 탈출 카드는 크게 유동성 거래 활성화 등 단기 대책과 성장엔진 발굴이라는 장기 대책으로 구분된다. 단기 대책은 우선 국내에 돈이 돌아야 한다는 점에 방점이 찍힌다. 그는 "몸속에 피가 돌아야 건강하듯이 경제도 돈이 돌아야 살아날 것"이라며 "그 해결 방법으로는 가계부채 해결, 부동산 거래 문제 해결, 중소기업 자영업 집중 지원을 통해 서민 주머니를 두툼하게 해주는 것에 있다"고 말했다.

근혜노믹스는 경기 침체를 탈출하기 위해서는 먼저 938조 원에 달하는 가계부채의 급한 불부터 끄는 게 중요하다고 보고 있다. 이에 대해 320만 명의 금융채무 불이행자를 구제하기 위해 18조 원 규모의 기금을 설치한다는 방침이다. 이 기금을 통해 채무를 장기로 나눠서 상환하도록 숨통을 틔워주고 일반 채무자는 50%, 기초수급자는 최대 70%까지 채무를 감면해주는 대책도 밝혔다.

그렇다면 장기 경기 대책은 어떨까. 결론부터 말하자면 새로운 성장동력을 활용해 국내 경제 체질을 개선하자는 것이다. 근혜노믹스 경제 철학을 좀 더 심층적으로 살펴보기 위해서는 이런 장기 대책이 나오게 된 배경부터 살펴볼 필요가 있다.

근혜노믹스 경제의 기본 철학은 '원칙이 바로 선 자본주의'다. 이 기본 철학은 박 당선자의 두 가지 고민에서 출발한다. 첫째, 인위적인 경기 부양책에 대한 평가다. 둘째, 전 세계적으로 확산되고 있는 경제 주체 간 양극화문제다. 이 두 가지 문제에 대한 해법 과정에서 근혜노믹스 자본주의 철학이 형성됐다.

박 당선자는 인위적 경기 부양에 대해 부정적인 입장을 분명히 드러냈다. 오히려 인위적 경기 부양으로는 현재 경제위기를 해결할 수 없다고 선을 그었다. 세계 자본주의를 주도하고 있는 미국에서 시장실패와 정부실패가 동시에 나타나며 금융위기가 시작되었다는 문제 인식이 근혜노믹스 저변에 자리 잡고 있기 때문이다.

그는 미국발 금융위기가 전 세계로 확산·재생산되면서 금융위기와 실물경제 침체라는 현상이 나타났고 여기에 유럽 등 각국 재정위기가 결합되면서 글로벌위기로 걷잡을 수 없이 커졌다고 보고 있다. 미국 부동산 버블 생성과 붕괴는 저금리 정책에서 비롯됐고 여기에 인위적으로 민간 소비를 부추기는 정책은 지속가능하지 않다는 것이다. 한마디로 저금리와 재정지출 확대는 경제의 지속적인 성장 요인이 될 수 없다는 얘기다. 즉, 이제는 새로운 성장엔진으로 실물경제를 건실히 키우는 것밖에 없다는 결론이 나온다.

과학기술을 발전시키고 경제 주체들의 핵심 역량을 높이는 한편 근본적인 경쟁력과 새로운 가치 창출 능력을 강화하는 것만이 지속적인 성장을 가능하게 한다는 게 근혜노믹스 장기 경제 대책 근간이다. 그는 "과학기술, 정보통신기술을 전 산업에 적용하고 융합해 제조업, 서비스업 생산력을 늘리고 새로운 일자리를 창출하겠다"며 "인적, 사회적 자본에 대대적으로 투자해 우리 경제를 모방형이 아닌 선도형으로 체질을 개선시킬 것"이라고 밝혔다. 수출 위주 구조에서 탈피해 수출과 내수가 함께 성장을 일구는 '쌍끌이 경제'를 유도하겠다는 계획이다.

경제 주체 간 양극화문제도 해법을 제시했다. 미국의 경우 최상위 소득자의 소득점유비율이 사상 최고 수준에 달하고 있고 대부분의 경제협력개발기구(OECD) 국가에서도 소득분배가 악화되고 있는 상태다.

한국은 '고용 없는 성장'이 소득 양극화를 심화시키고 있다. 순자산 규모 기준으로 고소득층(상위 20%) 가구당 순자산액은 2006년 6억 8,483만 원에서 2011년 7억 45만 원으로 증가했다. 하지만 저소득층(하위 20%)은 같은 기간 854만 원에서 -70만 원으로 뒷걸음질쳤다. 같은 기간 하위 20% 대비 상위 20% 계층 간 격차를 나타내는 5분위배율(가중치 적용)도 33배에서 57배로 벌어졌다.

근혜노믹스는 전 세계적으로 당면한 경제 주체 간 소득 격차 확대와 관련해 이 위기를 조기에 해결하지 못하면 글로벌 경제위기가 글로벌 사회위기라는 새로운 변종으로 돌변할 가능성이 높다고 우려하고 있다.

'모든 국민의 행복 증진'을 목표로 개인의 이익과 사회의 공동선이 합치되는 성장이 실현돼야 한다는 게 근혜노믹스의 '원칙이 바로 선 자본주의'의 핵심이다. 박 당선자는 TV토론에서 '원칙이 바로 선 자본주의' 실현을 위한 핵심 정책으로 경제민주화, 생애주기별 맞춤형 복지, 일자리 창출을 제시했다. 그는

이 모델이 한국이 당면한 경제위기, 사회위기 극복은 물론이고
세계 각국이 처한 위기를 타개하는 데 가장 효과적인 모델이 될
수 있을 것이라고 주장한다.

Part 2

액션플랜 :
중산층 70% 사회로

18조 원 국민행복기금 : 하우스푸어, 가계부채 해결

　박근혜 당선자가 대선에서 가장 공을 들인 공약은 '18조 원 국민행복기금' 카드다. 대선 공약 우선순위의 첫 번째로 가계부채를 꼽은 것도 새누리당에서 얼마나 여기에 집중했는지 알 수 있는 대목이다.

　박 당선자의 가계부채 해결 열쇠는 18조 7,000억 원 규모의 국민행복기금 조성과 운영에 달렸다. 문재인 후보는 가계부채 문제에 대해 '이자율 상한 25% 강제화' 공약을 들고 나오면서 바리케이드를 친 반면, 박 당선자는 국민 빚을 정부 보증으로 일정 부분 탕감해주는 공적펀드 조성에 나선 셈이다.

　박 당선자는 "국민행복기금은 정부가 직접적인 재원을 투입하지 않고 신용회복기금, 부실채권정리기금 잉여금 등을 활용해 채권을 발행하겠다"고 밝혔다. 그 세부적 내용을 들여다보

면 부실채권정리기금 잉여금 배당액 출자로 3,000억 원, 한국
자산관리공사 고유계정에서의 차입금 7,000억 원, 신용회복기
금 잔여재원 8,700억 원으로 총 1조 8,700억 원의 재원을 만든
다. 이를 바탕으로 정부는 자본금의 10배에 해당하는 채권을
발행해 18조 7,000억 원의 국민행복기금을 조성하겠다는 것
이다.

이 공약대로라면 국민에게 따로 세금을 걷을 필요 없이 기존
의 자금만으로도 가계부채를 함께 짊어질 수 있는 자금이 마련
되는 셈이다. 그렇다면 이 기금은 가계부채 해결을 위해 어떻게
쓰일까?

이 기금은 금융회사와 민간 자산관리회사(AMC)가 보유한
연체채권을 매입하는 데 쓰인다. 금융채무불이행자 중 신청자
에 한해 채무를 장기상환할 수 있도록 채무조정을 해주게 된다.
새누리당은 현재 180만여 명의 금융채무불이행자와 민간자산
관리회사 등이 보유하고 있는 140만여 명의 금융채무불이행자
등 약 322만 명이 혜택을 볼 것으로 추산하고 있다.

채무감면율은 일반 채무자의 경우 50%, 기초수급자 등에 대
해서는 최대 70%까지 높여서 상환부담을 대폭 낮춘다는 공약
을 내놨다. 현재 법원이 운영 중인 개인회생제도가 소득수준을
감안해 원금의 최대 70%까지 감면하는 점을 감안하면 지나치

게 높은 수준이 아니라는 게 새누리당 입장이다.

다만 도덕적 해이 방지를 위해 은닉재산이 발견될 경우 감면했던 채무까지 전액 상환케 하는 등 징벌 조치도 함께 강화했다. 국민행복기금이 필요하지 않은 사람에게 허투루 흘러나가는 걸 막겠다는 의지다.

새누리당은 국민행복기금 시행 첫 해에 120만 명의 금융채무 불이행자의 연체채권 12조 원을 매입하고, 이후 매년 약 6만 명의 신용회복을 통해 향후 5년간 30만 명의 경제적 재기를 돕겠다는 청사진을 그리고 있다.

하지만 실제로 국민행복기금 18조 원을 조세 부담 없이 조성할 수 있을지, 또 이 기금을 통해 가계부채 부담이 줄어들지에 대해서는 우려하는 목소리도 높다. 가계부채 해결을 위해서는 고용창출을 통한 소득증대의 선순환이 필수적인데 국민행복기금은 단기적 빚탕감책에 불과하기 때문이다. 특히 박 당선자의 공약은 부채탕감 기대감이 높아지면서 도덕적 해이가 발생할 우려가 높다. 게다가 기금의 재원이 직접적인 정부자금은 아니지만 이 기금에서 부실이 발생할 경우 결국 국고가 투입될 수밖에 없는 구조다.

하우스푸어와 렌트푸어에 대해서도 박 당선자는 민주통합당과 다른 공약을 내놨다. 박 당선자는 공공자금 투입을 통해 직접적인 구제에 방점을 둔 반면 문재인 후보는 임대주택 공급을 통한 주택 마련 부담 경감과 금융제도 개선에 주안점을 뒀다.

박 당선자는 대선 TV토론회에서 "하우스푸어·렌트푸어 해결이야말로 민생정치의 시작이다. 전세금을 마련하지 못해 애태우는 분들, 결국 목돈 마련이 힘든 게 아닌가. 집주인이 세입자를 대신해 은행에서 대출받고 세입자는 그 이자만 내는 것이다. 그렇게 하면 목돈 구하기 어려운 사람에게 도움을 줄 수 있을 것이다"라고 밝힌 바 있다.

박 당선자 하우스푸어 구제책의 핵심은 지분매각제도다. 소유한 집의 지분 일부를 한국자산관리공사(캠코) 등 공공기관이 매입함으로써 가계의 이자상환 부담을 덜어주겠다는 것이다. 수혜 대상은 수도권 6억 원, 지방 3억 원 이하 주택, 주택담보인정비율(LTV) 80% 이하의 1가구 1주택자다.

지분매각 방식은 집주인이 시세의 50%와 주택담보대출 잔액 중 적은 것을 선택해 그 지분을 캠코 등에 매각하는 것이다. 예를 들어 4억 원짜리 집을 연 5% 이율에 2억 원의 주택담보대출을 안고 매입한 집주인은 매달 370만여 원의 원리금을 은행에 갚아야 한다. 박 당선자의 공약대로라면 지분 50%를 매각하는 대신 원금상환 부담이 사라져 이자만 월 127만 원을 내면 된다. 지분매각으로 받은 목돈은 대출 원리금을 갚아 연체에서 벗어나도록 한다는 취지다.

베이비부머 세대의 부채상환 부담을 완화해주기 위해 주택연금 사전가입제도도 시행한다. 주택연금제도의 가입조건을 현행 60세 이상에서 50세 이상으로 확대하는 것이다. 사전가입자는 60세에 활용할 수 있는 주택연금 중 일시금 인출제도를 이용해 현재 부채상환에 필요한 자금을 조달할 수 있다. 주택연금 사전가입제도는 1가구 1주택자 대상으로, 주택가격 수도권 6억 원 이하, 그 외 지역 3억 원 이하 주택소유자로 그 대상이 한정된다.

렌트푸어 구제책은 목돈 마련 부담을 없애는 것을 골자로 한다. 현재 세입자가 빌리는 전세보증금을 집주인이 주택을 담보로 은행 등에서 빌리고 이자는 세입자가 내는 방식이다. 세입자의 대출 부담을 집주인에게 넘기겠다는 것이다. 집주인에게는 전세보증금 대출이자 납입금(세입자가 내는 월세)을 40%까지 소득공제해주고 전세보증금의 이자 상당액에 대해 비과세하는 '당근'이 주어진다. 하지만 집주인이 세입자를 위해 전세보증금을 대신 빌려줄지에 대해서는 실효성이 낮다는 지적도 나오고 있다.

박 당선자는 한시적으로 대출이자를 낮춰주는 공약도 제시했다. 1인당 1,000만 원 한도 내에서 금리 20% 이상 대출을 10%

대선 레이스 기간 중 서민층 밀집 지역을 찾아 가계부채 해결 공약을 내놓는 박근혜 당선자

대의 저금리 장기상환 은행대출로 전환하는 프로그램을 6개월 정도 한시적으로 운영한다는 것이다. 초단기 현금서비스나 카드론 등을 이용하는 서민의 고금리 부담을 줄이기 위해서다.

하지만 10% 저금리 전환을 유도하려면 금융회사의 참여가 필수인데 여기에 대한 인센티브가 빠져 있다는 점에서 얼마나 현실화될지는 두고 볼 일이다. 박 정부가 서민경제 살리기를 위해 어떻게 금융권을 이끌어갈지 주목되는 대목이다. 연체는 없지만 총부채상환비율(DTI)이 60%를 넘거나 DTI가 40~60%인 채무자(연체징후자) 가운데 사정이 극히 어려운 사람들을 선별해 상환기간 연장 또는 금리 조정 등을 실시하는 것도 공약에 포함됐다.

박근혜 당선자의 가계부채 7대 정책

구분	내용
서민들 고금리 부담 경감	- 1인당 1,000만 원 한도, 금리 20% 이상 대출 10%대 저금리 장기상환 은행대출로 전환
금융채무불이행자 신용회복 지원	- 금융회사와 자산관리회사(AMC) 보유 연체채권 '국민행복기금'서 매입 후 신청자에 한해 장기분할 상환 - 채무감면율 일반 채무자 50%, 기초수급자 최대 70%
불법추심으로부터 채무자 보호	- 금융회사가 배드뱅크 이외의 기관에 채권 매각 시 의무적으로 돈 빌린 사람의 동의를 받도록 함
연체 없는 부채자 선제적 지원	- DTI 60% 넘는 채무자, 40~60% 중 선별해 상환기간 연장, 금리조정
신용평가 시 금융 이용자 항변권 강화	- 신용평가사 개인 신용평가 결과 사전 통보 의무화, 개인 항변권 부여 - 금감원 또는 금융소비자원에 '개인신용평가 구제심판원' 설치
개인 '프리 워크아웃제' 확대	- 다중채무자 신용회복 지원 신청 시 채권기관의 빚 독촉, 법적 조치 즉각 중단
학자금 대출 부담 완화	- 연체 학자금 일괄 매입, 취업 후 채무 상환할 수 있도록 일정 기간 추심 중단 - 채무상환 능력에 따라 최대 원금 50% 감면 및 장기분할상환제 적용

자료: 새누리당

이밖에도 박 당선자는 금융회사가 채권을 배드뱅크 이외에 제3자에게 매각할 경우 의무적으로 채무자 동의를 얻도록 해 불법 채권추심으로부터 채권자를 적극 보호하겠다고 밝혔다. 가계부채가 늘면서 강압적인 빚 독촉 사례가 빚어지는 것을 방지하기 위해서다.

금융회사에 유리한 신용평가제도를 개선하기 위해 금융감독원, 금융소비자원에 '개인신용평가 구제심판원'이 신설될 전망이다. 개인도 신용평가사의 신용평가 결과에 대해 이의를 제기하고 손해배상을 청구할 수 있게 하기 위해서다. 신용평가회사는 개인 평가결과를 사전에 통보하는 것을 의무화한다. 아울러 금융채무불이행자 전락의 사전 방지를 위해 신용불량위기의 다중채무자가 지원을 신청하면 채권기관의 빚 독촉이나 법적 조치를 즉시 중단하는 신용회복위원회의 프리 워크아웃제도를 확대하기로 했다.

박 당선자는 가장 시급한 가계부채 문제 해결을 위해 다음 3가지 원칙을 지키겠다고 공약했다.

첫째, 채무자 지원은 '자활의지'가 있는 경우로 한정한다. 모든 채무자에게 지원하기보다 스스로 재기하려는 채무자를 적극적으로 지원한다는 의미다. 이는 진보 쪽에서 내세운 무상공약 시리즈와 차별하기 위해 선별적 무상을 주장한 것이다. 하지만 실제 자활의지를 어떻게 판단해서 지원을 결정할 수 있을지는 의문이다. 가계부채가 1,000조 원을 사실상 넘어선 시점에서 18조 원의 국민행복기금을 요긴하게 쓰기 위해서는 정말 자활의지가 강한 서민계층에 그 수혜가 돌아가야 한다.

둘째, 금융회사도 손실을 분담한다. 대출부실화는 부실대출을 해준 금융기관도 책임이 있는 만큼 부실화된 대출의 손실을 채무자와 금융기관이 함께 분담하는 게 당연하다는 논리다. 이는 19대 대선 과정에서 나온 금융감독원, 소비자보호원 보호 문제와도 밀접한 관련이 있는 것으로 보인다. 금융소비자의 피해를 보상하는 것과 금융기관의 잘못을 가려 금전적 책임을 묻는 작업을 동시에 진행해야 하기 때문이다.

셋째, 선제적 대응으로 금융시장의 불확실성을 줄인다. 가계대출이 완전 부실화돼 금융시장과 금융기관이 심각한 타격을 입기 전에 선제적 대응을 펴겠다는 것이다. 이는 금융 거시건전성과 관련된 이슈로 가계부채 뇌관에 불이 댕겨질 경우 엄청난 후폭풍과 함께 국가경제 자체가 휘청거릴 수 있기 때문이다.

박 당선자는 대학생의 학자금 대출부담 경감에 대해서도 구체적인 공약을 내놨다. 연체된 대출을 일괄 매입해 취업 후 채무를 상환하도록 일정기간 추심을 중단하는 방안과 상환 능력에 따라 원금의 최대 50%까지 감면해주는 장기분할상환제도, 한국장학재단의 일반 학자금대출을 취업 후 상환 대출(ICL)로 전환하는 방안 등이다.

새누리당은 2012년 6월 현재 한국장학재단에 상환의무가 있

는 대출자 183만 명 중에 과거의 일반 학자금대출을 적용받는
약 105만 명에게 ICL로 전환할 수 있는 선택권을 부여하겠다
는 입장이다.

일자리 대책 액션플랜은
'늘·지·오'

　박근혜 정부의 일자리 대책은 '늘·지·오'로 요약된다. 새 일자리는 '늘'리고, 기존 일자리는 '지'키고, 일자리의 질은 '올(오)'린다는 의미다. 박근혜 당선자는 경기 침체로 청년 실업과 비정규직이 늘어나는 현실에서 일자리는 바로 국민들의 생계와 직결되는 가장 시급한 문제라고 인식하고 있다. 청년층에서부터 중장년층과 노년층에 이르기까지 일자리가 부족하고, 일자리의 질도 저하됐다고 평가했다. 특히 비정규직 근로자의 비중이 높다는 점을 우려하고 있다. 비정규직은 정규직에 비해 낮은 임금에 심각한 고용 불안과 사회보장제도의 사각지대에 놓여 있다. 따라서 숫자에 매몰되어 일자리 몇 만 개를 만드는 것보다 좋은 일자리를 어떻게 만들 것이냐가 중요하다는 것이다.

　경제협력개발기구(OECD) 기준 고용률 70%를 달성한다는 게 박 당선자의 목표다. 그는 2012년 11월 6일 서울 종로구 북촌로에 위치한 인크루트 사옥에서 열린 인크루트, 잡코리아, 사람인 등 리크루팅업체 간담회에서 고용률을 국정운용의 지표로 삼겠다고 밝혔다. 그는 "요즘 시대 최고의 성장동력은 인적투자다. 교육, 훈련을 통해 취업준비생들을 일자리로 연결시켜, 일 할 수 있게 하는 것이 핵심 성장동력"이라며 "일자리 창출이 최고의 복지라는 말을 많이 하는데, 대부분 일자리 정보가 부족하고 또 기회가 안 닿는다. 이 부분은 국가가 책임져야 한다"고 말했다.

소프트웨어, 문화, 콘텐츠, 서비스산업에 대한 투자를 대폭 늘려 새로운 시장을 만들고, 새로운 일자리를 창출하겠다는 전략이다. 지금까지 우리나라는 하드웨어(HW)를 중시해 소프트웨어 경쟁력이 취약하다. 소프트웨어, 콘텐츠와 같은 정보통신기술(ICT) 서비스업을 ICT 제조업과 균형을 이루도록 하겠다는 계획이다.

우선 소프트웨어 전문인력 양성을 위해 기업 주도의 ICT 아카데미를 전국적으로 설립한다. 2만 명의 ICT 전문인력을 육성키로 했다. 'ICT 기술거래소'를 설립해 글로벌 산업화도 지원한다. 국내 ICT 기업이 창의와 혁신을 바탕으로 세계적인 기업이 될 수 있도록 뒷받침하는 조치다. 아울러 소프트웨어 제값 주

대선 레이스 기간 중 젊은 층과 소통하기 위해 20~30대와 많은 만남의 기회를 가진 박근혜 당선자

기, 가격보다 기술을 중시하는 방향으로 입찰제도, 불공정 거래 환경도 개선한다.

콘텐츠산업이 젊은이의 꿈과 끼를 개발하고 이들이 세계로 나가는 기반이 되는 '콘텐츠코리아랩'을 설립한다. 콘텐츠코리아랩은 기금·행정지원 중심의 기존 콘텐츠산업 진흥책에서 벗어나 실질적인 콘텐츠 창작과 멘토링을 제공하고 콘텐츠 아이디어 거래소 역할을 하는 곳이다. 콘텐츠 영재를 양성하고, 창의적 아이디어가 사장되지 않고 콘텐츠 제작으로 이어지도록 인큐베이팅하는 시스템인 셈이다. 지역기반 콘텐츠 거점을 육성하는 동시에 '글로벌 콘텐츠 지원센터'를 만들어 1인 창조기업과 중소기업의 해외진출을 돕는다.

해외 취업을 통해 청년실업을 해소하는 방안도 추진한다. 도전정신과 창의력으로 무장한 청년들이 학벌, 스펙과 무관하게 도전할 수 있는 질 좋은 일자리를 대폭 늘려나가고 해외 취업에도 마음껏 도전할 수 있도록 만들겠다는 것이다. 청년실업 해소는 크게 스펙 초월 채용시스템 도입과 국내외 창업 지원으로 구분된다.

스펙 초월 채용 대책은 '정부-민간 합동 스펙 초월 청년취업센터'를 설립하고 중·장년 인재은행, 재능기부, 전문가 등의 멘토단을 구성해 이들 취업 준비생과 연결한다는 내용이다. 초기 단계에는 웰빙 분야, 문화예술 분야, 미디어 분야, 마케팅 분야 등에서 열정인재를 키워 열정인재은행에 등록한 뒤 이들의 취업을 적극 지원한다. 이와 같은 제도가 우리 사회의 채용시스템을 근본적으로 변화시키는 촉매제가 될 것으로 기대하고 있다.

국내 창업 지원 대책으로 장기적으로는 자연과학과 인문·사회과학의 융합인재 육성, 산학 공동연구물 소유권의 합리적 조정, 직무발명에 대한 보상 의무화 등 창조적 인재 육성을 포함하고 있다. 창조기업을 대상으로 특허의 우선심사제 적용 대상

일자리 '늘·지·오' 정책

구분	주요 내용
일자리 창출	- 소트트웨어, 문화콘텐츠, 서비스산업 투자 확대 - 창업코리아: 대학창업기지화, 실버창업보육센터
비정규직	- 국가, 지자체, 공기업 상시업무 비정규직 고용 폐지 - 대기업 기간제근로자 정규직 또는 무기계약직 전환 - 대기업 매년 정규직과 비정규직 구분해서 공시 - 비정규직에 대한 차별시정제도 도입
청년실업	- 도전정신과 창의력 : 스펙 초월한 채용시스템 도입 - 청년의 해외취업 기획 확대
근로여건	- 근로자 정년 60세, 해고 요건 강화 - 일방적 정리해고 방지할 사회적 대타협기구 구성 - 근로시간 단축, 사회보험 국가지원, 최저임금 인상

도 확대한다.

청년들의 해외취업을 장려하기 위한 '케이무브(K-Move)' 플랜도 있다. 이를 위해 해외취업 장려금 제도를 도입해 해외취업 희망자에게 자금을 일부 지원한다. 김성주 새누리당 공동선대위원장은 'K-Move'에 대해 "21세기 젊은이라면 영토의 개념이 달라져야 한다"며 "젊은이들은 한국에 갇혀 있어서는 안 되고 글로벌 시민이 되어야 한다"고 했다. 또 "일본과 중국은 옆 나라가 아니라 한국의 확장시장이 되어야 한다"고 강조했다.

또한 이스라엘의 '요즈마 펀드(정부와 기업이 함께 출자해 만든 매칭방식의 벤처캐피털)'를 벤치마킹해 해외 벤처캐피털을

무역 정책 토론회에 참석한 박근혜 당선자가 무역업계 대표들과 수출강국, 기업활성화 방안을 논의하는 모습

적극 유치한다. 코트라(KORTA)와 코이카(KOICA)의 현지정보를 바탕으로 청년들의 해외취업 기회 확대를 위해 해외 인력 채용 데이터베이스를 운용하는 방안도 추진된다.

이와 함께 '창업국가 코리아'를 통해 대학을 창업기지로 삼아 창업운영 연구실을 만들고, 창업 멘토링시스템을 강화한다. 이를 통해 청년 창업가를 대학에서부터 양성하고, 젊은이들이 사업에 실패해도 재기할 수 있도록 창업지원시스템을 만드는 것이다.

박 당선자는 2012년 11월 2일 삼성동 무역센터에서 열린 '무역인과의 만남'에서 "창업국가 코리아의 핵심은 진취적인 청년들이 도전을 하는 데 있어 부담과 두려움 없이 마음껏 도전하는 것"이라며 "청년 창업의 활성화를 위해 실패율을 낮추고 실패해도 다시 재기할 수 있는 제도적 장치를 마련하겠다"고 밝혔다. 이어 "창업국가 코리아가 돼 기술, 아이디어, 콘텐츠가 새로운 기업이 나타날 수 있도록 하겠다"고 말했다.

은퇴 전후의 경험 많은 경영·기술 인력을 중심으로 실버창업보육센터를 운영한다. 창업기업들이 죽음의 계곡을 넘어설 수 있도록 실효성 있는 단계적 창업지원시스템을 구축한다는 계획이다. 벤처 창업자에게 재도전 기회를 주기 위해 '엔젤투자(신생 벤처기업에 대한 개인투자)' 활성화를 위한 세제와 금융지원을 확대하는 정책도 진행한다. 사실 벤처기업의 활성화를 위해서는 인수합병의 활성화가 선행되어야 한다. 인수합병을 시도하는 기업들이 설비투자를 늘리는 기업과 동등하게 평가받도록 제도를 개선한다.

경제가 저성장시대에 접어들면 일자리를 늘리는 데 한계가 있다. 세대 간, 정규직-비정규직 간의 일자리를 어떻게 배분하고 조정할 것인지가 고용 정책의 최우선 과제다. 가장 심혈을 기울이는 부분은 비정규직의 정규직화다. 신규 일자리를 만드는 것도 중요하지만 기존 일자리를 지키는 게 더 중요하다는 것이다. 비정규직의 비중을 OECD 평균 수준까지 낮춘다는 게 목표다.

국가, 지자체, 공기업 등 공공 부문의 경우 상시업무에 대해서는 비정규직을 아예 고용하지 못하도록 했다. 고용시장에도 경제민주화를 적용하겠다는 의미다. 생산성과 효율성만을 따져 비정규직을 양산하고 있는 비뚤어진 대기업 고용문화를 교정하기 위해 징벌과 보상을 대폭 강화한다. 대기업 고용 형태를 정규직과 비정규직으로 구분·공시하도록 해 대기업이 비정규직을 과도하게 사용하는 관행을 개선하기로 했다.

상시·지속적 업무에 종사하는 기간제 근무자나 단기간 근로자에 대해 정규직 또는 무기 계약직으로 전환을 유도한다. 또한 비정규직 차별이 지속될 경우 징벌적 금전보상제를 적용하고 사내 하도급도 개선하기로 했다. 특히 짧은 정년과 일방적인 해고로 가정이 파괴되는 일이 없도록 근로자의 일자리를 지킨다. 근로자 정년을 60세로 올리고, 해고요건을 강화하는 제도적 보호장치를 갖춰 나간다. 장시간 근로 관행도 개혁한다.

우리 사회의 고령화가 빠른 속도로 진행되고 있는 현실에서 정년 60세 의무화와 정년 연장은 시급히 이뤄져야 할 과제다. 평균수명은 80세 가량이지만 퇴직 연령은 평균 53세에 불과하다. 기본생활에도 턱없이 부족한 국민연금은 60세가 되어야 받는다. 게다가 수급 시기는 2013년부터 갈수록 늦어진다.

자녀 교육 등으로 씀씀이가 많은 50대 중반 은퇴자 중에는 퇴직금을 밑천으로 창업에 뛰어들었다가 실패해 빈곤층으로 전락하는 사람이 한둘이 아니다. 더욱이 일할 능력은 있으나 할 일이 없어 노는 노인 인구가 늘어나면서 사회적 부담이 되고 있다. 결국 노인을 부양해야 하는 젊은 층의 짐이 무거워질 수밖에 없다.

일방적 구조조정이나 정리해고를 하지 않도록 사회적 대타협기구를 만드는 것이 박 당선자의 목표다. 그는 사회적 대타협을 이루려면 경제 주체 간의 신뢰가 있어야 하고, 신뢰를 보증하고 책임지는 것이 정부의 역할이며 지도자의 할 일이라는 철학을 갖고 있다.

2012년 10월 31일 서울 한남동 하얏트 호텔에서 열린 산학정 초청 오찬 특강에서 "각자 살 길만 찾는다면 같이 사는 게 아니라 같이 죽는 길로 갈 수 있다"며 "어려울수록 대기업은 중소기업과 상생의 길을 찾아야 되고 기업은 고용유지에 노력을 기울여야 한다. 근로자 역시 파업이나 무리한 임금 인상 요구를 자제하고 고통을 분담할 수 있어야 한다"고 강조했다.

또한 사회보험에 대한 국가지원을 확대하고, 최저임금을 인상해서 노동이 행복의 토대가 되는 나라를 만든다는 계획이다. 인건비 지출의 적정 배분안을 만들어 재원을 조달한다. 지자체, 공기업 등 공공 부문의 비정규직을 정규직화할 수 있도록 구조 개혁도 벌인다. 다른 분야의 예산 절감으로 재원을 마련하는 한편 국고지원은 인센티브로만 활용한다는 계획이다.

나라 빚이 더 이상 늘지 않고 지자체 및 국민 부담이 크게 늘어나지 않도록 재정 개혁을 통해 재원을 조달한다. IMF와 OECD 권고에 따라 '세출절감 : 세입확대 = 6 : 4'에 맞추고, 국민 부담을 과도하게 증가시키지 않으면서 지속 가능한 복지정책을 추진한다. 재원 확보의 우선순위로 세출 구조조정, 조세 개혁, 복지행정 개혁을 정했다.

나라살림 가계부 만든다 : 135조 원 재원 확보

"국민행복 10대 약속을 실천하기 위해 매년 평균 27조 원씩 5년간 135조 원의 국민행복 재원을 확보하겠습니다." 2012년 11월 18일 박근혜 당선자는 인천 송도 컨벤시아에서 열린 '비전선포식'에서 처음으로 재원 마련 방안에 대한 공약을 밝혔다.

근혜노믹스의 국민행복 10대 약속이란 크게 세 부문으로 구성된다. 국민 걱정 반으로 줄이기, 일자리 늘리기, 안전한 공동체 등 3대 약속이 큰 물줄기다. 구체적으로 살펴보면 국민 걱정 반으로 줄이기에는 가계부채 부담 경감(322만 명의 금융채무 불이행자 중 신용회복 신청자 빚의 50% 감면, 기초수급자 70% 감면), 5살까지 무상보육, 고등학교 무상교육, 셋째 자녀 대학 등록금 지원, 암·심혈관·뇌혈관·희귀난치성 4대 중증질환 건강보험 100% 책임 등이 들어가 있다.

일자리 늘리기로는 창조경제를 통해 새로운 시장과 일자리 확충, 근로자 정년 60세로 연장, 해고요건 강화, 장시간 근로관행 개혁, 비정규직 차별 기업에 징벌적 금전보상제도 적용을 꼽고 있다. 안전한 공동체로는 범죄와 재난으로부터 국민을 보호하는 국민안심 프로젝트 추진, 대기업과 중소기업이 상생하는 경제민주화, 전통시장과 골목상권이 대자본에 무너지는 일이 없도록 보호대책 확립, 지역균형발전과 대탕평 인사를 약속했다.

이러한 10대 약속을 위해 연평균 27조 원에 달하는 재원을 추가로 마련하겠다는 공약을 내건 것이다. 새누리당에서는 당시 민주당의 재원 마련 방안이 없는 것을 강도 높게 비판한 바 있다. 2012년 12월 2일 윤희석 새누리당 중앙선거대책위원회 부대변인은 "정부 스스로 아끼고 절감해 60%를 마련하고, 나머지 40%는 세원을 넓히는 방식으로 재원을 확보하겠다"면서 "이를 통해 매년 27조 원씩 5년간 135조 원의 재원을 만들어 낼 것"이라고 거듭 강조했다.

구체적인 재원 마련 방안을 밝힌 것에 대해 박 당선자는 "무작정 세금을 올려 재원을 마련하겠다는 말 만큼 무책임한 것도 없다"면서 "이번 공약은 나라 살림을 걱정하는 국민들의 마음을 든든하게 해 줄 것"이라고 설명한 바 있다.

근혜노믹스 중 재원 마련 방안은 여성이라는 키워드에서 출발한다. 박 당선자는 "여성의 섬세함과 강인함으로 국가재정을 바로 세우고 알뜰한 나라살림으로 국민부담은 최소화하면서도 국민행복 재원은 최대한 늘리겠다"고 밝혔다.

재원조달 마련 방안은 크게 예산절감 세출구조 조정, 세제 개편, 복지행정 개혁, 기타 재정수입 증대로 요약된다. 조세특례제도 등을 통한 불필요한 예산 낭비를 막아 71조 원을 확보하고, 부가가치세율 조정 등을 통해 48조 원을 확보하며, 복지행정 개혁으로 10조 6,000억 원을 충당하고 기타 재정수입 증대를 통해 5조 원을 마련하겠다는 것이다. 즉, 세출 절감을 통해 81조 5,000억 원, 세입 증가를 통해 53조 원을 조달하겠다는 약속이다.

이처럼 재원 마련을 밝힌 까닭은 국가부채에 대한 염려가 짙게 깔려 있기 때문으로 풀이된다. 한국은행에 따르면 우리나라 정부·기업·가계의 부채 합계인 국내신용(금융기관의 정부와 민간에 대한 대출규모와 보유한 유가증권 합계액)은 2012년 6월 말 현재 2,962조 원으로 명목 국내총생산(GDP) 대비 233.8%에 달한다. 한 참모진은 "지금 전 세계가 겪고 있는 경제위기는 2008년 금융위기를 이겨내기 위해 많은 나라가 확대재정을 펴면서 초래된 재정위기가 그 원인 중 하나"라면서 "그런데도 대선을 앞두고 야당 후보는 재정 건전성은 도외시하는 포퓰리즘 공약을 남발하고 있다”고 비판했다.

이러한 재원 마련 방안과 더불어 박 당선자는 가계부 쓰는 대통령이 되겠다고 공약한 상태다. 박근혜 당선자는 실제로 “나라살림 가계부를 만들어 국민 여러분께 공개하겠다”고 약속했다. 나라살림 가계부도 11월 18일 비전선포대회에서 처음으로 구체적인 윤곽이 드러났다. 이른바 ‘국민행복 나라살림 운용계획’으로 넉넉지 못한 살림에도 한푼 두푼 아껴가며 가정 경제를 꾸려갔던 우리 어머니들의 강인함과 섬세함처럼 나라 살림을 직접 챙기는 여성 대통령이 되겠다는 포부였던 셈이다.

이에 대해 한 참모진은 “가정경제가 어려워도 우리 어머니들이 지혜와 노력으로 자식들을 잘 키우셨듯, 박 당선자도 여성 대통령으로서 무작정 세율을 높이거나 세금을 늘려 재원을 확보하는 것이 아니라, 투명하고 공정한 조세 정책과 세정 강화로 누락·탈루되는 세금을 제대로 거두어 세원과 세수를 늘리는 리더십을 발휘할 것”이라고 설명했다.

국가재원 확보 방안과 나라살림 가계부 쓰는 대통령이라는 키워드를 통해 국가 수입과 지출을 국민들이 볼 수 있도록 함으로써 경각심을 일깨우겠다는 복안이다. 이러한 신념은 박 당선자의 발언에 잘 녹아 있다.

“누구나 돈을 어디에 사용하겠다는 공약은 요란하지만 돈을 어떻게 마련하겠다는 공약은 아무도 하지 않습니다. 믿을 수 있는 공약 실천의 약속은 바로 실현 가능한 재원 마련에서 시작됩니다. 후대에 부담이 될 정부부채의 증가를 최소화하고 정부 씀씀이를 먼저 살펴 세출을 절감하며 공정한 조세를 통해 세원과 세수를 추가로 늘리겠습니다.”

이러한 재원 마련 방안이 성공을 거두려면 향후 정치권과 어느 정도 협조가 이뤄질지, 실제로 무분별한 포퓰리즘을 얼마나 막아낼지가 핵심 포인트가 될 전망이다. 경우에 따라 지출만 늘고 세수 확보에는 실패해 국가부채가 늘어날 가능성도 배제할 수 없다. 실제로 이 같은 예산 확보방안에 대해 전직 경제수장들을 중심으로 염려가 큰 상태다. 강봉균 국가경영전략연구원 건전재정포럼 대표(전 재정경제부 장관)는 앞서 최대 24조 원에 달하는 세수가 부족해질 수 있다고 경고했다.

건전재정포럼은 근혜노믹스를 실천하려면 향후 5년간 75조 3,000억 원이 필요할 것으로 관측했다. 보육에 가장 많은 28조 2,000억 원이 투입되고 일자리(17조 3,000억 원), 교육(15조 8,000억 원), 의료(14조 원) 등이 뒤를 잇는다. 하지만 증세 등 조달 방법이 명확한 돈줄만 추려내고 나면 연간 8조 원에서 많게는 24조 5,000억 원이 부족할 것이라는 전망이다.

특히 주식양도차익과세 대상 확대, 금융소득종합과세 기준

하향 조정, 파생상품증권거래세 부과 등 연간 5조 원 수준으로 세수 증가 방안을 내놨지만, 나머지는 연간 16~19조 원 수준의 세출 절감이 상당수다. 강 전 장관은 "공약대로 집행하려면 연평균 15조 원의 예산이 추가로 필요하지만 이 가운데 30%인 5조 원 정도만 세수 증가로 충당한다는 계획으로 보인다"면서 "재원 확보 대책은 보강이 필요하다"고 말했다.

전문가들은 저출산 고령화가 근혜노믹스를 결정짓는 가장 큰 변수로 보고 있다. LG경제연구원은 2005년 초고령사회(65세 이상의 인구비중이 20% 이상)에 접어들어 재정적자가 명목 GDP의 200%를 넘는 일본처럼 우리나라도 부채함정에 빠질 수 있다고 경고한 바 있다. LG경제연구원은 2000년 고령화사회에 들어선 우리나라가 고령사회 도달에는 18년, 초고령사회 진입에는 8년 정도 걸릴 것으로 예상했다.

이에 따라 조세를 부담할 수 있는 생산가능인구가 2016년부터 감소할 것으로 전망했다. 박근혜 당선자의 재임기간 중 세입은 줄어들고 노령층을 위한 세출은 증가할 수밖에 없다는 지적이다. 빨리 늙어가는 사회 탓에 물가에 부담을 지우지 않고 달성할 수 있는 최대 성장률인 잠재성장률은 하락할 것으로 보인다. 이는 결국 재정수지에 악영향을 준다. 국회예산정책처는 인구가 전망치대로 움직이는 데 반해 현행 세입 및 세출제도가 유지된다면 국가채무가 2040년 91%, 2050년 136%에 이를 것으로 추정한 바 있다.

또 다른 변수는 박 당선자 재임 중 통일이 다가올 수도 있다는 점이다. 한국개발연구원(KDI)은 한반도 통일 이후 공공지출 수요가 급증할 것으로 전망하고 있다. 북한 인구가 남한 인구의 절반이고 1인당 의료수요가 비슷하면 국내총생산(GDP) 대비 2~3%의 추가지출이 생길 것이라는 분석이다. 현재 북한의 1인당 소득은 남한의 5%에 불과한데, 이를 모두 기초수급자로 편입하면 기초수급자만 현재 150만 명에서 통일 후 1,000~2,000만 명으로 늘고, 이에 따라 정부 지출은 약 10배 증가한다는 비관적 시나리오다.

근혜노믹스가 재원 마련 방안을 명시하고 있지만 향후 재원 마련에 실패하면 결국 소득세·법인세 증세나 예산 투입 삭감으로 이어지면서 근혜노믹스가 흔들릴 수 있다는 대목이다. 일단 박 당선자는 이런 염려에 대해 의지를 피력한 상태다. "복지지출의 누수와 유사·중복은 막고 실효성을 높이도록 복지행정을 개혁하겠습니다. 공공 부문 소유 자산과 부채 관리는 효율화하고 책임경영을 확대하는 공공 부문 개혁도 추진할 것입니다."

또 감사위원회 설립도 공약으로 내걸었다. 박 당선자는 "나라

살림 국민감사위를 설치해 국민들이 조세 개혁과 나라살림 운
용에 직접 참여하고 감시할 수 있도록 하겠다"면서 "이 기구에
서는 국민행복을 위한 추가적인 복지지출과 그에 상응하는 재
원 마련 방안 등을 선제적으로 논의하는 국민대타협 기능도 수
행토록 하겠다"고 밝혔다.

재원 마련 방안이 약속과 달리 누군가의 부담으로 이어진다
면 리더십이 흔들릴 수 있다. 정치권을 설득하고 국민에게 헛된
희망을 불어넣지 않는 절제된 리더십만이 이를 타파할 수 있는
수단이 될 것이라는 게 전문가들의 공통된 견해다. 세입과 세출
을 적절히 조절하며 국가부채를 늘리지 않는 범위 내에서 근혜
노믹스를 실천한다는 과제는 모든 공약 중 가장 힘든 숙제가 될
것으로 보인다.

비정규직 차별해소,
노동복지 사각지대 없앤다

2012년 11월 17일, 서울 여의도공원 한국노총 전국노동자대회. 대선 경쟁이 한창 달아오르기 시작하는 국면에 박근혜 당선자가 3주 만에 처음으로 주말 공개일정을 잡고 노동 공약을 발표했다. 이날 내놓은 정책 패키지가 바로 비정규직 대책이다.

다음날 인천에서 대규모 비전 선포식을 갖기 하루 전, 관련 이슈를 전격 발표하며 표심 잡기에 나선 것이다. 고용노동부에 따르면 현재 비정규직만 577만 명에 달한다. 2011년 기준 비정규직 임금수준은 정규직 대비 61%에 불과하고 정규직 전환 비율도 29%에 그치고 있다.

기업 고용 유연성 측면에서 양산된 비정규직이 이제 제대로 된 국가 성장 과실을 나누지 못하는 계층으로 전락한 것이다. 노동 복지 사각지대를 메우기 위해서는 600만 명에 육박하고 있는 비정규직 근로자에 대한 대책 마련이 절실한 시점이다. 박 당선자는 비정규직 근로자에 대해 차별 철폐와 정규직 전환이라는 양대 축으로 대처하겠다는 방침이다.

비정규직 규모가 필요 이상으로 불어났다고 보고 고용시장에서 비정규직이 차지하는 비율을 현재 30%대에서 경제협력개발기구(OECD) 평균인 10%대로 줄이겠다는 뜻도 내비쳤다. 박 당선자 비정규직 정책은 '공공 의무 전환, 민간 규제 강화'로 요약할 수 있다. 비정규직 차별이 반복되는 사업장에 대해서는 징벌적 배상제도를 적용해 차별을 확실히 끊어버리겠다는 것이 핵심이다. 불법 파견이나 위장도급 같은 불법 행위에 대해서는 지금보다 훨씬 더 엄격한 잣대를 들이대겠다는 얘기다. 이와 같은 불법행위로 근로자 손해액이 발생하면 기업이 손해액의 몇 배로 배상하는 징벌적 제도를 공약했다.

그는 "비정규직에 대한 차별이 기업에 손해가 되도록 해 차별을 확실하게 근절하겠다"고 강조했다. 공공 부문부터 상시적인 업무에 대해 2015년까지 정규직으로 전환하도록 하고 대기업들에게도 정규직 전환을 유도한다. 차기 대통령 임기가 시작되고 3년 안에 공공 부문 상시업무 비정규직은 없애겠다는 얘기다. 이는 민주통합당이 제시한 2017년까지 완료보다 다소 빠르다.

박근혜 당선자가 참석한 2012년 여름 지방 유세에서 청중들이 발표를 듣는 모습

    정부가 주도권을 쥐고 고용 상태를 조정할 수 있는 공공 부문 비정규직 성과가 썩 좋지 않았다는 점과도 일맥상통한다. 기획재정부에 따르면 현재 28개 공기업 중 비정규직을 무기계약직으로 전환한 실적이 있는 공기업은 12개에 불과하다. 12개 공기업의 무기계약직 전환 인원은 2008년 118명, 2009년 180명에서 2010년 155명, 2011년 70명으로 점차 감소하고 있는 추세다. 새누리당은 상당수가 비정규직인 영양사들을 정규직으로 전환해 근무 여건을 개선하겠다는 복안도 내놨다.

    월 소득 130만 원 미만 비정규직 근로자의 국민연금과 고용보험료를 정부가 전액 지원하겠다는 약속도 했다. 그는 "비정규직이라고 해서 억울한 차별을 받아서는 안 된다는 분명한 입장을 갖고 있다"며 "취업의 기회를 제공하는 데서 끝나지 않고 안정적인 일자리를 만들어 드리는 데까지 책임지고 노력하겠다"고 말했다.

공공 부문 이외 비정규직 대책으로는 제도적으로 민간 고용 공시제와 최저임금 결정이라는 정책적 툴을 못 박았다. 여야가 한 목소리를 내고 있지만 민간 부문에서 '고용형태 공시제도'를 도입하기로 했다는 것은 눈에 띄는 대목이다.

이를 테면 삼성전자에서 일하는 정규직과 비정규직 비율을 정기적으로 공개해 비정규직 전환에 대한 국민적 관심과 평가를 유도하자는 것이다. 사회적 시선을 활용해 대기업 등 선도기업들이 상시적이고 지속적인 업무에 대해서 정규직을 채용하도록 압박하겠다는 카드다.

최저임금 결정을 둘러싼 갈등을 해소하기 위해 물가상승률과 경제성장률을 합한 숫자 이상을 인상하도록 원칙을 정하겠다고 약속했다는 것도 주목할 만한 대목이다. 우리나라가 3%대 미만 저성장 구조가 고착될 것으로 우려되는 상황에서 경제성장 규모 이상으로 최저임금 상향폭을 고정하기로 결정했다는 점에서 의미가 있다. 또 고용률을 경제 운용의 중심 지표로 삼아 직접 챙기겠다는 의지도 평가할 만하다.

새누리당은 우리나라가 '고용 없는 성장' 국면에 접어들면서 신규 일자리 만들기에는 노동 정책이 한계에 봉착할 것이라고 보고 있다. 비정규직 대책과 함께 근로시간 단축을 통한 일자리 나누기가 필요하다는 것이다.

한국은 경제협력개발기구(OECD) 국가 중에서도 경제성장 속도에 비해 좀처럼 일자리가 늘지 않는 국가로 손꼽힌다. 국내 규제 등을 피해 기업들이 해외로 빠져나가며 국내 일자리가 줄었기 때문이다. 여기에 취업 유발효과가 큰 서비스업 취업자 비중이 만성적으로 낮다는 점도 원인으로 손꼽힌다.

취업자 수 증가율을 국내총생산(GDP) 증가율로 나눈 한국 고용탄성치는 주요국에 비해 크게 낮다. 다른 나라에 비해 성장 동력의 온기가 고용시장으로 효율적으로 옮겨 붙고 있지 않다는 뜻이다. 기획재정부에 따르면 2004~2011년 한국 평균 고용탄성치는 0.29로 미국(0.14), 일본(-0.70)보다는 높지만 터키(0.31), 칠레(0.69), 멕시코(0.88) 등 주요 신흥국에 비해서는 크게 낮다. 전체 31개 비교국가 가운데 20위에 그쳤다.

이준협 현대경제연구원 연구위원은 "자동차, 반도체 등 장비산업 중심 산업구조, 대량생산 체계가 강하다 보니 투자액 대비 일자리가 적게 만들어지는 측면이 있다"며 "자원집약적 성격이 점점 강해지면서 고용탄력이 줄고 있는 상황"이라고 분석했다.

기획재정부 관계자는 "고임금, 노사분규 등 문제 때문에 투자 대비 고용창출 효과가 낮게 나타났다"며 "해외 진출 기업들이 국내로 유턴하도록 하는 정책과 양질의 일자리 확대가 필요한 상황"이라고 말했다. 이에 박 당선자는 노사정이 합의한 바 있는 '2020년까지 연 근로시간 1,800시간대 진입'과 함께 휴일근로를 연장근로에 포함시키는 방안 등을 내놨다.

현장에서 발생할 수 있는 상대적 박탈감을 해소하는 대책은 정착 여부에 관심을 기울일 필요가 있다. 새누리당은 동종 업무라면 수당이나 명절 상여금 등에서 차별이 없도록 하겠다는 의지도 밝혔다. 차별시정제도를 주장하는 개별 노동자들에게 불이익이 미치면서 사실상 유명무실해졌다는 점을 고려해 '대표구제신청제도'를 신설한다는 계획이다.

즉, 대표자나 대표단체가 기업 측에 차별시정을 신청하면 해당자 모두에게 조치가 미치도록 한 것이다. 박 당선자는 "단순히 일자리 숫자가 늘어나는 것이 중요한 시대는 지나갔다"며 "얼마나 양질의 일자리인가, 나에게 맞는 일자리인가를 맞추는 게 중요하다"고 설명했다.

비정규직이 많은 여성 계층을 대상으로 맞춤형 정책도 내놨다. 재취업을 원하는 여성을 위해 직업훈련과 직장 알선 프로그램을 강화한다는 방침이다. 매년 '새로일하기센터'를 30개씩 확대하고 여성훈련과정 예산을 두 배로 늘려 맞춤형 일자리를 매칭한다는 밑그림을 내놨다.

한편으로 정기적으로 노사 대표자들을 만나 노동 현안을 직접 듣고 논의하겠다고 밝힌 점도 눈에 띈다. 이를 위해서 노동 기본권 보장이라는 최우선 과제를 풀어낸다는 계획이다. 박 당선자는 "복수 노조 교섭창구 단일화제도에 따른 소수 노조 교섭권 제한 문제와 근로시간 면제제도 보완 문제 등에 대해 한국노총 등과 긴밀하게 협의해 해결해 나갈 것"이라고 설명했다. 다만 '창조경제론'으로 일자리 창출에 방점이 찍히다 보니 비정규직 문제에 대한 구체성을 보강할 필요성이 있다는 지적은 앞으로 정책 과정에서 풀어야 할 숙제로 남게 됐다.

부동산 거래 활성화, 임대주택 20만 호 건설

"내수가 수출과 함께 가려면 단기적으로 부동산 거래를 활성화시킬 필요가 있다."

(2012년 11월 20일 경제신문 합동인터뷰 중)

박근혜 당선자의 부동산 관련 정책은 '거래 활성화'에 방점이 찍힌다. 이를 위해 주택을 취득했을 때 내는 세금(취득세)의 감면 조치를 연장하겠다는 뜻을 밝혔다. 박 당선자는 2007년 이명박 대통령과 한나라당 대권후보를 놓고 경선을 벌이던 때도 비슷한 입장을 취했다. 당시 박 당선자는 부동산을 많이 보유한 사람들은 누진적으로 보유세를 부과하고, 양도세 역시 차익이 많으면 많을수록 세율을 높여서 부담을 많이 지도록 하겠다는 정책을 홈페이지를 통해 밝혔다. 그러나 취득세, 등록세 등의 거래세는 낮춰서 시장 거래량은 늘리는 방향으로 가야 한다는 것이 큰 방향이었다.

이번 대선 과정에서도 큰 틀과 철학은 변하지 않았다. 박 당선자가 대선 과정에서 내놓은 부동산 대책은 취득세 감면 조치 연장(보유세 및 양도세 누진 적용 시사), 역 부근 '행복주택' 20만 호 건설, 렌트푸어 대상 '목돈 안 드는 전세제도' 도입, 하우스푸어 대상 '보유주택 지분매각제도' 실시 등 크게 4가지로 요약된다. 대부분 부동산 거래 활성화와 연관이 깊다.

취득세 감면 연장

먼저 취득세 감면은 행정안전부가 원래 취득가액 기준 9억 원 이하 1주택자에 대해 해당하던 2%의 세율을 1%로 낮춘 방안을 앞으로도 계속 유지하겠다는 뜻이다. 행정안전부는 취득세율 감면 조치를 2013년 말에 해제하고 원래대로인 2%로 올릴 계획이었다. 하지만 박 당선자의 공약에 취득세 감면 조치 연장이 들어감에 따라 당분간 낮은 수준의 취득세율은 유지될 전망이다.

취득세 감면 때문에 지방정부(취득세는 지방정부가 걷는 '지방세')들이 잃는 '기회비용', 즉 거둬들이지 못한 세수는 향후 3년간 약 2조 1,000억 원 가량으로 추산된다. 한국지방세연구원

이 2012년 12월 발표한 내용에 따르면 향후 3년간 주택거래량
이 2009~2010년의 평균 수준이라고 가정할 경우 2013~2015
년 지방 세수는 최소 1조 9,100억 원에서 2조 1,300억 원 증가
하는 것으로 계산됐다. 이를 전체 국가 세수(지방 세수가 아님)
223조 원(2012년 기준)과 비교하면 1% 가량이다.

그러나 감면 효과에 대한 반응은 엇갈린다. 김규정 부동산
114 리서치센터 본부장은 "기대했던 취득세 추가 감면이 아니
라 단순히 연장만 하는 것이어서 정부의 시장 활성화 의지를 보
이는 데 그치는 수준"이라며 "당장 부동산 거래 활성화 효과를
얻기보다는 2013년 주택 수요 위축을 방지하는 데 의미가 있을
것"이라고 분석했다. 심교언 건국대 부동산학과 교수는 "조세
부담 완화 정도로 시장 상황이 달라지진 않을 것"이라며 "하지
만 경기가 살아나는 시점이 오면 부동산 경기 회복 속도가 빨라
질 수 있을 것"이라고 말했다.

철길 위 인공대지 만들고 임대주택 20만 호 건설

박 당선자의 부동산 공약 중 눈길을 끄는 대목은 임대주택을
20만 호 늘려 '내 집 마련'의 꿈을 실현해 주겠다는 공약이다.
그 방식이 독특하다. 국유지인 철도부지 상부에 인공적으로 땅
을 조성해서 여기에 역사, 아파트, 기숙사, 상업시설 등을 함께

집어넣은 '복합주거타운'을 만들겠다는 구상이다. 현재 서울 양천구의 신정차량기지 위에 지어진 '양천아파트' 같은 곳이 하나의 모델이다. 박 당선자는 이 임대아파트를 '행복아파트'라고 이름 붙였다.

왜 하필 철도부지일까? 일단 정부 땅이기 때문에 토지를 매입하거나 빌리는 비용이 싸다. 또 민간용지를 수용하는 것에 비해 사업을 추진하기에 훨씬 용이하다는 장점도 있다. 박 당선자 캠프 측은 대선 당시 "기존 시세에 비해 절반 또는 3분의 1 수준의 저렴한 보증금이나 토지 임대료로 집을 지을 수 있다"고 주장했다. 게다가 철도부지 위에 상가, 역 등을 함께 넣기 때문에 교통이 좋고 상업시설에 가깝다는 장점이 있을 것이라 설명했다.

임대주택을 공급하는 대상은 주로 사회 초년병, 신혼부부, 그리고 서울 및 수도권의 대학생 등이다. 최장 임대기간은 40년으로 약속했다. 박 당선자는 "서울 소재 행복아파트는 주변 임대료의 3분의 1 수준, 수도권 행복아파트는 절반 수준으로 공급할 것"이라고 밝혔다. 대학생들을 위해 공급하는 행복기숙사는 사립대 기숙사비의 3분의 1 수준으로 하겠다고 밝혔다. 입주 보증금도 금융기관 융자를 80%까지 받을 수 있게 하겠다고 해, 공약대로라면 입주자들은 큰돈을 들이지 않고서도 임대주택에 입주할 수 있게 된다.

박 당선자는 당장 2013년 하반기부터 시범적으로 5개 소에 1만 가구를 착공하겠다고 밝혔다. 향후 55개 소에 20만 가구까지 그 규모를 확충하겠다는 것이 일단 밑그림이다. "전국 6대 광역시 및 대도시까지 확대 시행하겠다"고도 밝혔다. 공사비는 40년 만기의 국민주택기금 융자로 충당해 재정 지출을 하지는 않을 것이라고 박 당선자는 공약했다. 반면 2013년부터 2018년까지 6년간 총 14조 7,378억 원 규모의 사업비를 투입하여 약 20만 명의 고용 창출 효과를 볼 수 있을 것이라고 주장했다.

그러나 이런 정책에 대한 평가는 냉랭하다. 남상오 주거복지연대 사무총장은 "철로변에 흔들리지 않는 내진설계를 하려면 조성원가가 많이 들고, 저소득층만 몰려 살면 슬럼화 가능성이 크다"고 염려했다. 2년 전 엇비슷하게 철도용지 임대주택사업을 추진하다 포기한 서울시도 회의적인 반응을 보이고 있다. 서울시 주택 정책 관계자도 "철로 위 임대주택 건설을 5~6개월간 전문 연구기관과 함께 연구했지만 결국 사업성이 안 나오는 것으로 결론이 났다"며 "설령 가능하다 해도 '민원 덩어리'가 될 게 뻔하다"고 말했다. 이 공약이 현실화되려면 넘어야 할 산이 많을 것으로 보인다.

집주인이 전세금 마련하는 제도

'렌트푸어(전세값 폭등과 전세금 이자 때문에 쓸 수 있는 돈이 줄어든 사람들)' 대책으로 내놓은 '목돈 안 드는 전세제도'는 전세 세입자들이 원금을 마련할 필요 없이 이자만 내도록 하는 개념이다. 현재 시장에 성행하고 있는 전세제도를 사실상 월세제도로 전환해 나가려는 시도라 볼 수 있다.

이 제도는 지금처럼 세입자가 전세금을 마련하는 것이 아니라 집주인이 금융기관에서 전세금을 대출하는 방안이다. 세입자는 집주인 대신 금융기관에 이자와 수수료를 내게 된다. 세입자가 이자를 내지 못하는 경우에는 공적금융기관이 이자지급을 보증함으로써 금융기관이나 집주인은 위험을 떠안지 않아도 된다.

박 당선자는 이와 같은 방안이 시행되면 갑자기 오른 전세값 때문에 집을 옮겨야 하는 일도 줄일 수 있고, 전세금 마련을 위한 대출 부담을 줄일 수도 있을 것으로 기대하고 있다. 이 방안이 활성화된다면 전세 거래는 예전보다 더 활발해 질 수 있다. 전세금 마련을 위한 부담이 줄어들기 때문이다.

그러나 문제는 집 주인이 과연 이런 제도를 이용할 가치를 느끼느냐다. 아무리 좋은 제도를 만들어 놔도, 또 세입자들이 아무리 이 제도를 이용하려 해도, 집 주인들이 원치 않으면 무용

지물이기 때문이다. 이미 집을 구매하기 위해 주택담보대출을 금융기관에서 받은 집 주인들은 이 제도를 활용할 이유가 더 적다. 신용등급이 떨어질 수도 있고 대출이 늘어나면서 각종 규제 등을 더 받을 수도 있다.

이 때문에 박 당선자 측은 세제상의 인센티브를 집 주인에게 주는 방안도 내놓겠다고 밝혔다. 예를 들어 임대수입에 대해서는 과세대상에서 면제를 해주고, 집 주인의 전세금 대출 이자에 대해 소득공제 혜택을 주겠다는 것이다.

집의 지분을 매각할 수 있게 한다

집은 많은데 빚을 끼고 산 것들이라 대출 원리금 갚고 나면 쓸 수 있는 돈이 없는 사람들. 일명 '하우스푸어'들을 위해 내놓은 공약은 '지분매각제'다. 집도 마치 기업 주식처럼 지분을 매각할 수 있도록 한 것이다. 집의 지분을 소유주가 50% 이상 보유하게 되면 사실상 소유권은 그대로 가지고 있을 수 있다. 그러나 나머지 지분을 팔아 현금을 마련하면 '하우스푸어' 생활은 면할 수 있지 않겠느냐는 구상이다.

그런데 주식처럼 1%, 2%씩 나눠서 팔 수 있는 것이 아니라 정해진 지분(50% 미만)을 팔 수 있도록 했다. 매각할 수 있는 곳도 자산관리공사 등 공적 금융기관에 한정했다. 사실상 국책

금융기관이 '하우스푸어'들의 집 지분을 일부 사들여서 현금을 만들어 주는 구조다. 대신 자산관리공사 등은 갖고 있는 집의 지분만큼 임대료 수입을 집 주인과 나눠 갖는다. 또 사들인 지분을 담보로 자금을 조달해 시장에 공급하겠다는 계획이다. 이 때문에 재정 투입은 없다는 것이 캠프 측 설명이었다. 박 캠프 측은 이런 조치로 인해 '하우스푸어'들의 부담이 평균 60%는 줄어들 것이라고 추정했다.

그러나 이 제도에 대해서도 논란은 있었다. 개인의 금융부실을 사실상 정부 재정이나 다름없는 국책금융기관 자금으로 지원해 준다는 것은 다수 대중들에게 '돈 없어도 정부가 돈을 준다'는 모럴 해저드를 초래할 수 있다는 것이다. 김석동 금융위원장은 "재정이 투입될 문제가 아니다. 개별 은행이 알아서 할 문제"라며 지분매각제에 대해 사실상 반대 의견을 내기도 했다. 또 박 당선자는 주택연금 사전가입자들이 60세부터 받을 수 있는 주택연금 중 일부를 50세부터 받을 수 있게 하여 집을 살 때 은행에 빌렸던 돈을 갚을 수 있도록 하겠다고 밝혔다.

활력 있는 농어촌,
강소기업이 신성장동력

시장 개방과 고령화, 잇따른 악천후로 활력을 잃고 있는 농어촌과 글로벌 경기 침체의 파고를 힘겹게 넘고 있는 중소·중견기업을 육성하기 위한 박근혜 당선자의 공약은 R&D(연구개발)로 상징된다. 이공계 출신의 박 당선자는 첨단과학기술을 동원해 농업의 신성장동력을 확보하고 특정 기술에 특·장점이 있는 강소(强小)기업에 대한 대폭적인 R&D 지원을 약속했다. 공약에는 글로벌 시장에 도전장을 내밀만한 경쟁력 있는 농어민과 중소기업을 육성하겠다는 포부도 담겨 있다.

'박근혜 스타일' 농정은 IT 연계 농업

"네덜란드 농업은 95%가 과학기술이고 5%만이 노동이다."

2011년 4월 말 우리나라와 네덜란드 간 수교 50주년을 맞아 대통령 특사 자격으로 네덜란드를 방문한 박 당선자는 네덜란드 농업 정책 담당자의 이 말에 감명을 받았다. 여성 정책과 노사정 협력, 연금 운영, 수자원 관리 등 네덜란드가 특·장점을 갖고 있는 여러 분야 중에서도 박 당선자는 특히 농업에 주목했다.

선친 박정희 전 대통령의 농촌환경 개선 사업인 새마을운동은 박 당선자에 의해 새로운 방식으로 계승된다. 네덜란드 방문 이후 1년 6개월이 지난 2012년 11월 19일 대선 후보 신분의 박 당선자는 '행복농업 5대 약속'을 발표한다. 이날은 한국농업경영인중앙연합회가 안철수 당시 무소속 후보를 포함한 세 명의 대선 후보를 초청해 농정 관련 대토론회를 연 날이었다.

박 당선자의 5대 약속은 직불제 확대로 농가소득 안정, 농자재 가격 안정, 농어민 안전재해보장제도 도입, 농축산물 유통구조 개선, 첨단과학기술을 접목한 농업경쟁력 제고 등이었다. 직불금 확대는 기왕에 정부가 추진해 온 정책이었고 다른 후보들도 마찬가지 목소리를 냈다. 농수산물 유통구조 개선을 비롯한 다른 정책도 마찬가지다. 하지만 '첨단과학기술을 접목한 농업경쟁력 제고'는 IT(정보기술)라는 키워드가 선명하게 드러난 '박근혜 스타일'의 농업 공약이었다. 이 같은 박 당선자의 공약은 2012년 12월 10일 발표된 공약집에 구체적으로 담겼다.

박 당선자의 '농업의 신성장동력화' 공약 배경에는 현재 우리 농

대선 후보 출마를 준비 중이었던 박근혜 당선자가 기자들과 만나 정견을 발표하는 모습

업이 단순한 먹거리 생산에 그치고 있고, IT, BT(Bio Technology, 생명과학기술) 연계 활용이나 농업 관련 R&D(연구개발) 투자 확대, 종자·생명산업 육성, 농업과 고부가가치 식품산업 연계 노력이 미흡하다는 현실 인식이 깔려 있다. 따라서 박 당선자의 정책은 농업이 미래 신성장산업이 될 수 있도록 IT·BT를 활용해 농업의 경쟁력을 제고하자는 데 초점이 맞춰져 있다.

박 당선자는 농업뿐 아니라 임업, 수산업 등 농림수산식품 예산의 10% 이상을 R&D에 투자하겠다고 공언했다. 농가 소득 증대를 위한 방편의 핵심으로 첨단과학기술 활용을 채택한 셈이다. 이 돈은 가축을 이용한 신약개발, 고부가가치의 특용작물 연구에 투입될 예정이다. 영농후계자 양성 체계 구축, IT와 농업의 융복합화 추진을 위한 농어가 통신비 부담 경감이 이 같은 신성장 R&D 투자를 뒷받침한다.

세계일류의 첨단식품산업을 육성, 친환경 농림수산업 생산, 유통기반 구축, 축산분뇨의 고품질 비료화를 위한 공동자원화 시설 마련에도 정책 역량이 집중된다. 식량 주권을 확보하는 한편, 경쟁력 있는 농가를 육성해 해외 판로까지 모색하기 위한 포석이다. "농업은 국민의 소중한 먹거리를 책임지는 생명산업이자, 안보산업"이라는 박 당선자 공약집 문구가 이 같은 정책을 상징적으로 나타낸다.

이 같은 대대적인 R&D 투자가 경쟁력 확보로 이어지기 위해서는 농어촌의 사회안전망 구축이 필수적이라고 당선자는 판단했다. 특히 최근 여론의 요구가 거세지고 있는 복지에 대해서도 도시와 농어촌의 구별이 필요하다는 인식이 강했다. 산재보험 수준의 '농어업인 안전재해보장제도'를 도입하고 농어촌 실태에 부합하도록 국민연금과 건강보험제도를 개선하겠다는 공약을 박 당선자가 내놓은 이유다. 현실화된 농지연금 담보가치 산출기준도 마련될 예정이다. 구체적으로 당선자는 농어업인 안전재해보장 보험료를 정부가 절반 이상 지원하고 현행 79만 원인 국민연금 기준소득금액을 높여 잡기로 했다.

도시가스 공급 확대와 공중보건의료 인프라 확충을 비롯한 주거·의료·교육 여건 개선도 추진된다. 특히 기왕의 농어촌 여건 개선 정책이 국토해양부와 보건복지부, 교육과학기술부 등으로 분산돼 있어 예산 낭비를 비롯한 비효율이 심각하다는 문제 인식에 따라 연계성을 강화할 수 있는 관련 위원회 설치 등이 추진될 것으로 보인다.

고령화된 농어업 인력의 낮은 생산성을 높이기 위해 농림수산업 인력은행 설립을 비롯한 인력 확충 정책도 병행된다. 인턴제도를 비롯해 창업농 및 귀농귀촌인 등에 대한 교육·지원 프로그램도 확대된다.

농어촌 여건 마련을 바탕으로 경쟁력 있는 젊은 영농 후계자를 육성하되, 기존의 장노년 농어민에 대해서는 직불금을 늘려 소득 안정을 도모할 예정이다. 예컨대 쌀 고정 직불금은 현재 1ha당 70만 원에서 100만 원 이상으로 인상하기로 했다.

태풍과 가뭄, 집중 호우에도 안정적인 농가 소득을 보장하기 위해 농어업 재해보험은 2017년까지 50% 이상 확대한다.

비료와 농약, 사료 등 농업생산 투입비용 절감을 위한 노력도 강도 높게 추진된다. 농협이 농자재유통센터를 운영하도록 함으로써 농자재 구입, 유통비용을 줄이는 한편, 현재 250개인 농기계임대사업소를 2015년까지 400개 이상으로 확충하겠다는 계획이 나온 상태다. 특히 박 당선자는 해당 품목과 관련한 사업자들의 담합 행위가 벌어질 경우 '징벌적 손해배상제도'를 적용해 엄벌할 방침이다. 징벌적 손해배상제도 도입을 위한 '독점 규제 및 공정거래에 관한 법률' 개정이 필요한 부분이다.

농어업이라는 1차 산업의 외연을 유통, 가공, 외식, 관광을 비롯한 2, 3차 산업으로 확대할 수 있도록 관련 규제도 대폭 철폐할 예정이다. 우리의 전통을 보존하면서도 세계적인 시장 확대에도 도전할 수 있는 전통주, 발효식품이 제조 여부나 수량 면에서 많은 제한을 받고 있다는 점에 주목한 것이다.

수산업의 경우 해양수산부 부활로 상징되는 해양환경 관리와 수산자원 보호·육성 연계 정책을 추진한다. 이 같은 정책의 배경에는 해양환경 관리가 수산자원 보호·육성과 밀접하게 연결돼 있음에도 해운과 항만을 비롯한 연계적 관리가 미흡하다는 인식이 깔려 있다. 급속한 어촌의 고령화에도 수산 분야의 신규 인력 유입이 부진하다는 판단도 한몫한다.

수산과 해양환경 업무를 통합 관리하기 위해 해양수산부를 부활시키는 한편, 신규 유입 인력의 수산 분야 조기 정착을 위한 어업허가제도를 개편할 방침이다. 밖으로는 해외 수산물 생산기지 확보에도 박차를 가한다.

농촌 주민의 산림 소득 증대와 귀농한 베이비부머에 대한 제2의 일터 제공을 위해 산약초 재배, 청정 임산물 생산 장려 등을 통해 임업소득 증대 방안도 마련될 예정이다. 세계적인 온실가스 감축 과제가 부상한 만큼 UN(국제연합)에서 인정하는 유일한 탄소흡수원인 산림을 통해 감축목표량을 충당하겠다는 방침도 세워진 상태다.

최근 세계적인 곡물가격 상승 상황에서 식량안보의 중요성이 커진 만큼 밖으로는 해외 식량조달 시스템을 구축하고 안으로는 우량농지를 보전하고 사료작물 생산을 늘리는 정책이 추진된다.

동시다발적인 FTA(자유무역협정) 추진, 국제 곡물가격 급등에 따라 경쟁력 감소가 우려되는 대표적인 업종인 축산업에 대해서는 공공처리시설, 가축분뇨유통센터 같은 시설현대화와 저리 사료구입자금 지원, 사료원료 등 금융대책을 준비했다.

박 당선자의 농정 공약은 "어느 지역에 살든, 어느 직업에 종사하든 누구나 자신의 꿈을 이룰 수 있는 100% 대한민국을 만들겠다"는 철학이 담긴 대표적인 공약 분야다.

R&D 성과물부터 공공 입찰까지 중기 우대

박 당선자의 R&D 확대 기조는 중소·중견기업 정책에서도 이어진다. 문재인 민주통합당 후보보다 상대적으로 온건한 경제민주화 기조를 유지한 박 당선자는 중소·중견기업에 대한 R&D 투자 비중 확대로 상생 기조를 보완했다.

중소기업의 매출액 대비 R&D 투자 비중이 대기업에 비해 현저히 낮다고 본 박 당선자는 정부의 R&D 지원예산 중 중소·중견기업 지원 비중을 확대하고 이들 기업에 대한 장기과제 비중을 제고하기로 했다. 구체적으로는 정부 출연 연구소의 R&D기능을 기초연구에 집중하도록 유도하되, 출연금의 일정 비율을 중소기업 R&D에 투입하게끔 하는 쿼터제가 도입된다. 국가예산을 지원받은 R&D 성과물의 중소기업 우선 이전이 법제화된다. 신용보증기금, 기술신용보증기금 운영 개선을 통해 신용보증 지원을 창업 초기 기업과 혁신형 중소기업에게 집중시키는 전략이 병행된다. 다만 반복·장기 지원은 제한된다.

돈뿐 아니라 인력도 지원된다. 중소기업의 경쟁력 강화를 위해서는 고급기술 인력과, 해외마케팅, 영업을 담당할 인력 확보가 필수적이기 때문이다. 고급 인력이 중소기업에서 오랜 기간 근무할 수 있도록 교육 등 인프라스트럭처 마련 방안도 강구할 예정이다.

소규모 중소기업이 자체적으로 대기업 수준의 인력 획득을 달성하는 것은 현실적으로 어렵다. 따라서 협회나 조합을 중심으로 기술인력을 함께 채용, 교육하는 가칭 '인력공동관리협의회' 구축을 구상했다. 우수한 전문대학은 이 인력공동관리협의회와

중소·벤처기업인들과의 좌담회에 나선 박근혜 당선자

연계돼 전문다핵교육의 실용화와 중소기업 재교육을 동시에 달성하게 된다. 모범적인 기술인력 육성기업은 '인재육성형 중소기업'으로 지정될 전망이다. 중소기업의 기술인력 보호 방안도 마련돼 있다. 예컨대 상습적으로 중소기업 기술인력을 빼가는 대기업에게는 교육훈련분담금을 가중 부과할 예정이다.

박 당선자는 R&D 지원과 고급 인력 확충을 기반으로 중소기업 상품과 서비스의 수출 확대 노력에도 박차를 가할 계획이다. 수출준비단계와 수출실행단계, 현지진출단계 등 기업의 성장단계를 감안해 단계적 수출지원체계를 구축한다. 정부 R&D

자금지원은 중소기업 중에서도 특히 수출중소기업과 수출 전환을 꾀하는 중소기업에 우선적으로 배정된다.

이 같은 액션플랜에도 글로벌 경기 침체 상황에서 적지 않은 중소·중견기업의 몰락이 불가피하다. 복잡한 회생·퇴출 절차와 법률적 인프라스트럭처 미비로 실패한 중소기업인의 재기는 쉽지 않은 게 사실이다. 박 당선자는 통합도산법에 '간이회생제도'를 도입하기로 했다. 이는 일정한 조건이 충족되는 중소기업에 회생기간을 단축시켜주고 압류재산 면제범위를 확대하는 제도다.

공공 입찰에서도 중소기업을 대폭 우대한다. 마케팅과 시장 확보 인력이 직급별로, 부서별로 포진돼 있는 대기업과 달리 상당수 중소기업은 이런 일을 대부분 CEO(최고경영자)가 떠안아야 하는 경우가 비일비재하기 때문이다. 중소기업 전반에 대한 일률적 우대보다는 입찰 과정에서 기술제품, 서비스를 우선적으로 적용하거나 적정입찰가격제 도입을 유도해 결과적으로 중소기업의 공공 입찰 수주를 늘리도록 한다는 게 박 당선자의 계획이다.

남북경제협력 5개년 계획,
한반도 신뢰 구축

역대 대선의 진보와 보수 대결에서 항상 그래왔듯 박근혜 당선자와 문재인 후보도 남북관계를 바라보는 시각과 통일 청사진에서 가장 큰 차이를 보였다. TV토론에서도 박 당선자와 문 후보는 '진짜' 평화와 남북관계 개선을 위한 '속도'를 놓고 치열한 기싸움을 벌였다.

문 후보가 "이명박 정부는 늘 안보를 강조했지만 천안함 폭침, 연평도 포격 도발 등 되려 안보에 구멍이 뚫렸다. 국민의 정부는 두 차례의 서해교전에서 북한을 격퇴했고 참여정부는 북한과 한 차례도 무력충돌이 없었다"며 이명박 정부의 대북 정책 실패를 정면으로 비판했다. 박 당선자는 "진짜 평화와 가짜 평화는 구분해야 한다. (참여정부의) 퍼주기를 통한 평화는 진짜가 아니다. 북한이 도발하면 큰 대가를 치르게 된다는 강력한 억지력을 갖춰야 한다. 참여정부 시절인 2006년 북한이 첫 번째 핵실험을 했다. 따라서 그런 노력이 가짜 평화라는 것이다"고 정면 반박했다.

남북관계 개선 속도에 대해서도 박 당선자와 문 후보는 다른 논리를 폈다. 문 후보는 "(박 후보처럼) 전제조건을 달면 안 된다. 남북관계와 북핵문제를 동시에 해결해 나갈 것"이라고 주장했다. 이에 박 당선자는 "안보를 튼튼히 하면서 신뢰가 쌓이고 비핵화가 진전되면 대규모 경협 프로젝트를 진행할 것이다. 전제조건은 없다. 정상회담도 할 수 있다"고 받아쳤다. 박 당선자는 기본적으로 주권과 안보를 확고하게 지킨다는 보수가치를 최우선으로 놓고 있다. 남북관계 정상화는 상호신뢰프로세스를 통해 진행된다고 하면서 무리하게 속도를 내지 않을 것임을 내비쳤다.

박 당선자는 대북 정책 골자는 '선 안보 후 남북 신뢰 구축'으로 볼 수 있다. 민주통합당이 주장한 남북경제협력에 방점을 둔 '남북경제연합'과는 차이가 있다.

전문가들은 박 당선자가 이명박 정부의 대북 정책 실패를 염두에 두고 "우리의 대북 정책도 진화해야 한다. 유화 아니면 강경이라는 이분법적 접근에서 벗어나 균형 잡힌 대북 정책을 추진하겠다"고 말했음에도 실제 맥락은 MB정부의 '비핵개방

3000'과 닮은꼴로 보고 있다.

MB정부의 대북 정책과 다른 점은 북한 김정은 국방위원회 제1위원장과의 남북정상회담을 '한반도 신뢰프로세스' 차원에서 만나겠다고 한 것과 남북 현안 중 인도적 문제를 정치적 상황과 구분해 해결하겠다는 입장을 밝힌 대목이다. 이명박 대통령은 천안함 폭침 등에 대한 북한의 사과 없이는 남북정상회담도 대형 인도적 조치도 있을 수 없다는 기조를 유지해 왔다. 하지만 박 당선자도 대북관계의 가장 첨예한 본질인 한반도 안보환경 개선과 북핵문제에 대해선 이전 정부 대북 정책 기조를 상당부분 계승할 것으로 보인다. 북한의 북방한계선(NLL) 도발에 대한 단호한 대처, 한미동맹을 포함한 포괄적 방위역량 강화를 우선한 것도 이런 맥락이다.

한반도 평화체제 구축과 관련 가장 풀기 힘든 난제로 꼽히는 북핵문제에 대해서도 "북핵은 용인할 수 없다"는 입장을 고수했다. 북한이 북핵문제 해결의 선제조건으로 요구하고 있는 '북한 정권 안정화'에 대해서도 박 당선자는 유연한 반응을 보이지 않았다.

민주통합당은 박 당선자의 대북 정책이 MB정부와 다를 게 없다며 대선 기간 동안 맹공을 퍼부었다. 박 당선자는 MB정부 대북 정책과 같지 않다며 되레 민주통합당이 노무현 정부의 대북 정책을 답습할 것이라고 맞섰다. 논란의 중심에 있던 MB정권의 대북 정책에 대한 박 당선자와 문 후보의 입장을 살펴보자.

먼저 MB정부가 천안함 폭침 이후 단행한 5.24조치다. 미국과의 합동군사 훈련 강화, 대북 심리전 재개 등 군사적 정책과 북한에 대한 전면적인 경제 봉쇄 정책이 포함돼 있다. 일단 민주통합당은 5.24조치가 전혀 실효 없는 정책이었다고 비판했다. 직간접 피해액을 합치면 우리의 피해가 20조 원이 넘고, 금강산 관광이 끊기면서 2조 원의 민간 피해도 발생했다는 것이다.

하지만 새누리당은 5.24조치 때문에 남북경협이 끊어진 게 아니며 그 조치의 원인도 북한이 제공했음을 주장했다. 되레 민주통합당은 참여정부 시절의 '퍼주기' 정책을 계속 하지 말라며 맞불을 놨다. 박 당선자는 '우리의 안보가 최우선'이라며 남북경협은 그 다음 문제라는 입장을 확실히 했다. 북한과의 경제협력을 통해 규모의 경제를 이뤄내 새로운 성장동력을 찾겠다는 문 후보와는 전혀 다른 접근법이다.

박 당선자는 북한 영유아 지원 등 인도적 지원은 정치적 상황과 별개로 진행하지만 대규모 경협사업은 양측의 신뢰와 북핵문제와 함께 가야 한다고 말했다. 이명박 대통령이 북핵문제 해결을 '선결조건'으로 경협문제를 얘기한 것과 약간의 차이가 있지만 실제로는 비슷한 뉘앙스다. 특히 북한은 국제사회가 인정

박근혜 당선자가 2002년 북한을 방문했을 때 김정일
국방위원장과 면담 후 찍은 사진

한 핵보유국으로 그 가능성이 적건 크건 핵무기를 사용할 가능
성에 적극적으로 대비해야 한다는 입장이다. 북한과의 경제협
력보다 우리의 생명과 안보가 먼저라는 중심사상과 일맥상통
한다.

북핵문제를 대하는 박 당선자의 단호함은 북한의 장거리미
사일 발사에도 그대로 적용된다. 핵무기와 미사일은 활과 화살

의 관계로 보기 때문이다. 새누리당은 오바마 미국 대통령이 미얀마 정상회담에서 북한을 거론하면서 미얀마처럼 핵을 포기할 경우 여러 가지를 지원해 줄 수 있다고 제안한 점을 상기시키면서 북한을 전방위로 회유·압박하고 있다.

남북대화에 있어서도 새누리당과 민주통합당은 모두 대화 가능성을 열어뒀지만 그 의미는 달랐다. TV토론에서 박 당선자와 새누리당은 "안보가 우선이다. 대화는 하겠지만 신뢰가 있어야 한다"는 입장을 반복했다. 박 당선자가 중요시한 신뢰는 북핵문제와 우리 안보문제가 선결조건은 아니지만 북한 지원과 병행할 수밖에 없음을 확인한 것이다. 반면 민주통합당은 북핵문제를 포함한 안보 관련 사항도 모두 대화의 의제가 될 수 있음을 시사했다. 시기에 대해서도 박 당선자는 "서두를 필요가 없다"는 입장이지만 민주통합당은 "가능한 한 빠른 시간 내에 회담을 성사시킬 것"임을 시사했다.

다음은 박 당선자의 대북 및 외교 7대 정책을 정리한 것이다.

대북·외교 7대 정책

제2의 천안함, 연평도 사태는 결코 용납하지 않겠다. 우리 장병들이 목숨 바쳐 지켜 온 북방한계선(NLL)에 대한 어떤 도발도 용납하지 않겠다.

북한의 도발을 억지하기 위해 한미동맹을 포함한 포괄적 방위역량을 강화해 나가고 2015년 전시작전권 전환을 차질 없이 준비하겠다.

외교·안보·통일 정책을 총괄·조정하는 컨트롤 타워(가칭 국가안보실)를 신설한다.

북핵은 결코 용인할 수 없다. 북한의 핵과 미사일 위협을 무력화할 수 있는 억지력을 강화하겠다. 이와 동시에 북핵문제 해결을 위한 남북 간 실질적 협의는 6자회담을 포함해 적극 추진하겠다.

한·미·중 간의 3자 전략대화를 활성화하고, UN 및 EU를 포함한 국제사회와의 협력도 확대할 것이다.

● 한반도 신뢰프로세스를 통해 남북관계를 정상화하겠다

신뢰가 있어야 한반도 갈등을 근원적으로 풀 수 있다. 남북 간 신뢰를 위해서는 우선 약속을 지켜야 한다. 기존 합의에 담긴 평화와 상호존중의 정신을 실천하며, 세부 사항은 현실에 맞게 조정해 나가겠다.

신뢰를 쌓기 위해서는 다양한 대화채널이 열려 있어야 한다. 남북관계 발전을 위해서라면 북한의 지도자와도 만나겠다. 서울과 평양에 남북교류협력사무소를 설치하겠다.

인도적 문제는 정치 상황과 구분해 지속적으로 해결해 나가겠다. 북한 주민들의 인간다운 삶을 위해 유엔(UN)의 새천년개발계획 핵심 사업인 영유아 등 취약계층을 우선적으로 지원하며, 이를 위해 세계보건기구(WHO), 유니세프(UNICEF), 유엔세계식량계획(WFP) 등 국제기구를 적극 활용하겠다.

이산가족 상봉 정례화 및 전면적 생사 확인을 추진하고 고령 이산가족을 위한 영상메시지 제작 사업을 완료하겠다.

신뢰가 쌓이고 비핵화가 진전되면, 한반도 경제공동체 건설을 위한 '비전 코리아 프로젝트'를 가동하겠다.

● 작은 통일에서 시작해 큰 통일을 지향하겠다

실질적인 평화를 기초로 군사적 대결을 완화하고, 경제공동체를 건설하여 작은 통일을 먼저 이루겠다. 그 다음 궁극적으로 정치통합을 통한 큰 통일로 나아가는 게 맞다.

탈북민 3만 명 시대에 대비해 정착 지원 인프라와 맞춤형 지원 체계를 강화할 것이다. 700만 명의 재외동포들도 통일의 길에 동참할 수 있도록 글로벌 한민족 네트워크를 활성화하겠다.

● 동아시아 평화와 유라시아 협력에 앞장서겠다

악화되고 있는 동북아 역사 갈등에 대해서는 국익의 관점에서 단호히 대처하겠다. 어떤 경우에도 우리의 주권이 침해되는 상황은 결코 용납하지 않겠다.

한미관계를 포괄적 전략동맹으로 심화·발전시키고 중국과의 관계를 전략적 협력동반자 관계에 걸맞게 업그레이드하겠다.

동아시아의 지속가능한 평화와 발전을 위해 모든 이해관계국들과 함께 신뢰 구축과 협력안보, 경제·사회협력, 인간안보를 추구할 '동북아 평화·협력 구상'을 추진하겠다. 이는 유럽의 '헬싱키 프로세스'에 해당하는 '서울 프로세스'의 출발점이 될 것이다.

러시아의 동진 정책, 중앙아시아와 EU의 중요성에 부응하는
'유라시아 경제협력'을 통해 남방과 북방협력을 연결하는 새로운
모멘텀을 만들겠다.

동북아시아와 유라시아 통합 교통망 추진을 위해 시베리아횡단
철도(TSR) 및 중국횡단철도(TCR)와 한반도종단철도(TKR)를 연
결하여 복합 물류 네트워크를 구축해야 한다. 궁극적으로는 남북
한, 러시아, 중국, 중앙아시아, 유럽을 관통하는 가칭 '실크로드익
스프레스(SRX)'로 발전시킬 수 있을 것이다.

● 경제외교를 업그레이드하고 신성장동력을 발굴하겠다

세계경제 위기에 효율적으로 대처하기 위해 G-20을 통해 원칙
있는 자본주의를 위한 새로운 협력 어젠다를 발굴하고, 동아시아
금융 안전망을 강화해 나가겠다.

신재생에너지 확보와 녹색성장을 위한 국제협력을 확대하며,
시대에 뒤떨어진 한미원자력 협정을 개정하고, 원전산업의 해외
진출을 적극 지원하겠다.

우리의 전통우방이자 경제 블루오션인 아프리카, 중동, 중남미

와 호혜적인 관계를 더욱 증진하고, 우리경제에 새로운 성장동력을 발굴할 수 있도록 외교 지평을 넓혀가겠다.

● '매력한국' 건설을 위한 '국민외교시대'를 열겠다.

유엔 안전보장이사회 이사국으로서 국제평화 유지에 앞장서겠다.

녹색기후기금(GCF), 글로벌녹색성장연구소(GGGI) 유치를 계기로 인천 송도를 글로벌 협력허브로 발전시키겠다.

부산, 광주 등 6대 광역시에 국제기구 유치를 위한 맞춤형 외교적 노력을 본격화하겠다.

국제사회에 모범이 되는 개발협력을 추진하고, 국제 수준에 맞춰 공적개발원조(ODA)를 확대해 나가겠다.

국민 개개인이 외교관이 되어 세계인들에게 우리의 경험과 문화지식을 나누는 민간외교를 적극적으로 추진하고 지원하겠다.

이를 위해 이미 제안한 케이무브(K-Move)와 연계시켜 '글로벌 청년 프로젝트'를 추진하겠다.

Part 3

근혜노믹스와 사람들

박근혜 시대를 이끌어 갈
경제 브레인은 누구?

'근혜노믹스'를 만든 경제 브레인들은 크게 싱크탱크인 국가미래연구원, 민간 교수 출신 자문그룹, 경제적 멘토격인 원로그룹, 새누리당 내 경제통 인사들로 나눌 수 있다. 인맥으로 보면 박근혜 당선자(전자공학과 70학번)와 동문인 '서강학파'가 가장 두드러진다. 서강학파는 3, 4공화국 경제관료인 남덕우 전 국무총리, 이승윤, 김만제 전 경제부총리가 1세대, 이번 대선에서 경제민주화 개념을 주도한 김종인 새누리당 국민행복추진위원장 등이 2세대, 새누리당 힘찬경제추진단장을 맡아 정책공약을 총괄한 김광두 미래경제연구원장(서강대 명예교수) 등이 3세대로 분류된다.

이 가운데서도 박근혜 캠프의 '경제 좌장'으로 불리는 김광두 단장은 성장과 복지의 조화를 통해 자칫 경제민주화에 쏠려 균형을 잃을 뻔 했던 대선 캠프 정책 흐름의 중심을 잡아주었다. 균형감각을 중시했던 김 단장의 전략은 결과적으로 보수 성향의 유권자들 표심을 굳히는 데 결정적인 기여를 했다는 평가를 받는다.

교수 출신으로 나란히 19대 국회에 입성한 안종범, 강석훈, 이종훈 등 3명의 의원은 근혜노믹스의 핵심인 '공정한 시장경제' 전략과 세부적인 각론을 담당한 핵심 브레인들이다. 민간인 출신 경제 참모로 이번 대선 레이스에서 박 당선자를 도운 인물로는 신세돈 숙명여대 교수, 김영세 연세대 교수, 홍기택 중앙대 교수, 옥동석 인천대 교수, 조명현 고려대 교수, 김인기 중앙대 명예교수, 최성재 서울대 명예교수 등을 꼽을 수 있다.

원로그룹 가운데는 대선 레이스 초기 경제민주화 논리를 제공했던 김종인 국민행복추진단장, 박정희 대통령 시절 재무부 장관을 역임했던 김용환 새누리당 상임고문, 박 당선자의 후원회장을 역임했던 남덕우 전 국무총리, 재계 출신 대표적인 경제 인맥으로 분류되는 현명관 전 삼성물산 회장 등을 꼽을 수 있다.

당내 중진 가운데는 최경환 전 지식경제부 장관, 이한구 새누리당 원내대표, 나성린 새누리당 정책위부의장, 유승민 의원 등이 대선 레이스 과정에서 탄탄한 경제 논리를 앞세워 박 후보를 보좌했다. 원외 그룹으로는 새누리당 경제통이자 측근 참모인 이혜훈 최고위원, 빙그레 회장 출신인 김호연 전 의원 등이 지근거리에서 도왔다.

국가미래연구원 핵심 실세로 부상

대선 레이스에서 가장 주목을 받은 것은 국가미래연구원 출신 학자들과 의원들이다. 2010년 12월 발족해 2011년 1월부터 본격적인 활동을 시작한 국가미래연구원은 박근혜 대통령 당선자를 만들기 위해 만들어진 싱크탱크다. 이번 대선에서도 박근혜 캠프 추진단장 18명 가운데 8명(김광두, 안종범, 이종훈, 최성재, 이상무, 옥동석, 윤창번, 윤병세)이 국가미래연구원 소속 인사들이었다. 차기 정부의 정책 분야에서 막강한 파워와 결속력을 보여줄 것으로 예상되는 대목이다.

2007년 한나라당 경선에서 이명박 당시 후보에게 패했던 원인으로 정책 공약, 특히 경제 분야가 취약했다는 평가가 나왔다. 이를 보완하기 위해 설립된 단체가 바로 국가미래연구원이다. 2010년 12월 박 당선자가 내놓은 한국형 복지 구상, 이번 대선의 경제 구호인 '공정한 시장경제'도 모두 국가미래연구원 출신 학자들과 의원들이 입안한 슬로건이다.

국가미래연구원장이자 박 후보 캠프의 실질적인 경제좌장

인 김광두 새누리당 힘찬경제추진단장은 2007년 경선 때도 '줄푸세(세금은 줄이고 규제는 풀고 법질서는 세우자)' 공약을 입안하며 박 당선자의 최측근 참모로 활동했다. '박정희식 경제개발'의 이론적 토대를 제공했고 서강학파를 대표하는 스승 남덕

김광두
서강대 교수

우 전 국무총리의 소개로 2006년부터 박 당선자를 지근거리에서 조언해 왔다.

광주일고 출신으로 박 당선자와 같은 서강대를 졸업한 김 단장은 하와이대에서 박사를 받았고 1985년부터 서강대에서 경제학과 교수로 재직했다. 이후 서강대 경제연구소장, 21세기 기획단장 등 보직을 거쳐 1995년부터 3년간 한국은행 금융통화위원으로 활동했다. 이후 서강대 경상대학장, 한국경제학회 운영이사, 한국국제통상학회장, 한국국제경제학회장을 거쳤고 2010년 국가미래연구원을 세우고 초대 원장을 맡았다.

대선 레이스에서 김종인 전 경제수석이 주도했던 '경제민주화'보다 '성장과의 조화'에 힘이 실린 것도 김광두 교수의 정책 조언이 박 당선자로부터 더 후한 점수를 받았기 때문이다. 김 단장은 과학기술과 IT로 저성장을 돌파하는 스마트뉴딜시대, 중산층 70% 국가를 만드는 창조경제론 등 성장 분야의 경제 프

레임과 거시·금융 분야 공약 개발을 주도했다. 구체적으로 정보통신, 소프트웨어 등 신성장산업 지원과 잠재성장률 견인, 가계부채 축소 방안, 10조 1,000억 원 규모의 경기부양책 등을 통해 저성장 기조에 빠진 우리 경제에 활력을 불어넣는 공약과 정책을 제안했다.

순환출자 규제를 둘러싼 논란과 관련해 김 단장은 "국내외의 어려운 경제사정을 감안할 때 지주회사가 자회사에 대한 지분율 상향에 많은 돈을 투자하는 것보다는 이 돈을 투자나 일자리 창출에 쓰는 것이 더 적절하다"고 선을 그었다. 공정한 규칙에 의해 시장경제를 주도하되 무리한 재벌 규제보다는 투자와 고용 등 성장 잠재력을 높이는 방향이 더 바람직하다고 본 것이다. 차기 정부에서 김 단장이 직접 경제 정책 일선에 나설지, 뒤에서 조용하게 보좌를 하며 큰 그림을 그릴지 벌써부터 관계와 재계는 주목하고 있다.

김광두 단장이 박 당선자 경제 정책 좌장이라면 안종범, 강석훈, 이종훈 등 3명의 초선의원은 정책 실무를 담당한 이른바 '경제 브레인 3인방'이다. 성균관대 교수 출신인 안종범 의원은 이번 대선 레이스에서 정책·메시지 본부장을 맡아 재정·조세 분야의 정책과 공약을 입안하는 데 핵심 역할을 했다. 대선 후보들

이 재원 마련 대책 없이 복지공약을 쏟아낸다는 여론의 비난을
받자 이른바 '나라살림 가계부' 아이디어를 주도해 당 내외에
서 큰 호응을 받았다. 세출 구조조정과 조세개혁을 통해 임기 5
년 동안 매년 27조 원씩 총 135조 원의 재원을 확보한다는 방안
이 바로 안 의원의 주도로 발표됐다. 강석훈 의원, 최경환 의원,
유승민 의원 등 4명의 경제 참모들과는 '위스콘신 4인방'으로도
불린다.

김광두 단장이 이끄는 국가 미래연구원
멤버이자 중도 보수성향이 강한 조세·재정
분야 전문가로 손꼽힌다. 성균관대를 졸업
한 뒤 위스콘신(메디슨)대에서 경제학 박
사학위를 받았다. 대우경제연구소, 조세연
구원, 서울시립대 등을 거쳐 1998년부터

안종범
의원

성균관대에서 강단에 섰다. 이후 공적자금관리위원, 통계청 지
역분과위원, 보건사회연구원 자문위원, 기획재정부 세제발전심
의위원 등을 거쳤다. 박 당선자의 후광으로 19대 국회에 비례대
표(12번)로 금배지를 달았고 이후 최측근 경제 참모로 활약을
거듭해 왔다. 교수 시절에는 "국회의 예산 파행과 포퓰리즘 정
책이 나라 재정을 거덜내고 있다"는 날카로운 비판을 서슴지 않
았다. 2010년 3월 한 토론회에서 김지하 시인이 〈사상계〉에 실

렸던 '오적(五賊)'을 빗대 인기영합 정치인, 편가르기 정치인, 거짓말 정치인, 무책임 정치인, 남 탓하는 정치인 등 신(新) 오적이 예산 파행을 가져오고 있다는 말로 주목을 받기도 했다.

대선 기간 중 토론회 단골 연사로 나섰던 강석훈 의원은 국민 행복추진위원회 정책위원을 맡다가 대선 레이스 중반부터 박근혜 후보 비서실 소속으로 편입돼 경제 정책 입안 업무를 담당해 왔다. 서울대 졸업 후 위스콘신대에서 경제학 박사학위를 받았고 19대 총선 때는 새누리당의 텃밭인 서초을에서 공천 받은 뒤 첫 금배지를 달았다.

강석훈
의원

이한구 원내대표와 같은 대우경제연구소 출신이며, 1997년부터 성신여대에서 경제학 교수를 역임했다. 이후 기획예산처 공기업 평가위원, 한국재정학회 이사, 보건복지부 자활정책기획위원, 서울시 조사방법 자문위원 등 정부 부처, 학계 등에서 다양한 경험을 쌓았다.

박 당선자의 '원칙이 바로 선 공정한 시장경제'는 강 의원이 각종 토론회를 통해 강조해 온 핵심 이론이다. 특히 공정거래위원회 전속고발권제도 폐지, 비금융 계열사 주식에 대한 의결권 제한 강화, 중간금융지주회사 설치 의무화, 국민연금 등 공적연금의 의결권 행사 강화, 집중투표제와 다중대표소송제 단계적 도입 등 경제민주화 분야의 35개 실천과제는 대부분 강 의원의 이론 제공과 꼼꼼한 검토를 거쳐 발표됐다.

대선 기간 중에는 MBC 라디오 '손석희의 시선집중'에 출연해 진보 진영을 대표한 김상조 한성대 교수와 치열한 설전을 벌여 주목을 받기도 했다. 당시 토론회에서 김상조 교수가 "재벌 소유구조나 경제력 집중에 대해 박근혜 후보의 경제철학은 한계가 많다"고 지적하자, 강 의원은 "대기업에 대한 사전적 규제는 실질적 효과를 못 내고 부작용을 더 키운다"며 "사전적 규제는 신중하게 접근하되, 사후적 규제를 엄격하게 하는 게 더 낫다"는 논리로 맞서기도 했다.

경제 브레인 3인방 중 한 명인 이종훈 의원은 미국 코넬대에서 노동경제학으로 학위를 받은 노동 분야 경제통이다. 명지대 교수로 활동하며 KDI 갈등조정센터 자문위원, 노동부 정책자문위원, 노사관계위원회 전문위원 등 노동 정책 분야에서 많은 활약을 해왔다. 19대 총선 때는 새누리당의 텃밭으로 꼽히는 성남 분당갑에서 3선 의원인 고흥길 전 특임장관을 제치고 공천을 받아 정계의 주목을 받았다.

이종훈
의원

대선 기간 중에는 행복한일자리추진단장을 맡으며 '늘지오(새 일자리는 늘리고 기존 일자리는 지키고 일자리의 질은 올린다)' 등 고용·노동 분야에서 알토란 같은 정책과 공약들을 개발해 냈다. 야당 후보였던 문재인 후보가 '일자리 혁명'을 앞세워 표심 공략에 나섰기 때문에 이 단장의 어깨는 선거 기간 내내 더욱 무거웠다. 하지만 일자리의 질적 팽창, 정보기술과 서비스 분야의 새 일자리 창출 등 문재인 후보 측과 차별화된 공약으로 주목을 받았다.

민간 교수 출신의 경제 브레인

신세돈(숙명여대), 김영세(연세대), 최성재(서울대), 홍기택(중앙대), 김인기(중앙대), 옥동석(인천대) 등 중견 교수들은 근혜노믹스를 다듬고 정책 조언을 해온 자문그룹이다. 이들 모두 미래연구원 소속이며 김인기·홍기택 교수는 서강학파로도 분류된다. 서강학파가 주축이 돼 미래연구원을 만든 만큼 양쪽에 겹치는 사람들도 적지 않다.

신세돈·김영세 교수는 김광두 단장, 안종범 의원, 최외출 영남대 교수 등과 박 당선자의 '5인 스터디그룹'으로 불리며 2007

년 한나라당 경선 공약, 경제민주화 공약, 성장과 복지 공약 등을 주도해 온 대표적인 민간 경제학자들이다.

신세돈 교수는 UCLA대에서 경제학 박사학위를 받았고 한국은행 조사1부 전문연구위원, 삼성경제연구소 금융연구실장을 거쳐 1989년부터 숙명여대에서 경제학을 가르쳐 왔다. 이번 대선에서는 새누리당 힘찬경제추진단에 합류해 창조경제, 일자리 창출과 관련된 공약들을 주로 입안했다. 세종대왕의 리더십을 다른 《외천본민》의 저자로 잘 알려져 있으며 한국은행 출신답게 환율, 외환 정책 분야에 조예가 깊다.

신세돈
숙명여대 교수

역시 5인 스터디그룹 멤버인 김영세 교수는 이혜훈 새누리당 최고위원의 남편으로 부부가 동시에 박 후보의 브레인으로 활약하고 있다. 연세대 출신으로 미국 UCLA대에서 박사학위를 받았고 연세대 상경대 부학장, 한국정보통신정책학회 이사, 한국산업조직학회 이사 등을 역임했다. 정보통신, 산업조직,

김영세
연세대 교수

무역 분야에 특히 조예가 깊고 차기 정부에서도 신성장산업과 관련한 정책 입안에 많은 역할을 할 것으로 기대를 모으고 있다.

최성재 서울대 명예교수는 편안한삶추진단장으로 복지·고령 분야 공약 개발을 주도했다. 최 교수는 퍼주기식 무상복지가 아니라 사회적 약자층을 우선적으로 배려한 '맞춤형 복지'의 개념을 만들어냈고 노인의료, 고령대책 분야에서 근혜노믹스의 근간 정책을 입안하며 야당 후보들과의 정책 차별화를 이루는 데 큰 기여를 했다는 평가를 받는다. 최 단장은 케이스웨스턴리저브대에서 박사학위를 받은 뒤 1986년부터 서울대에서 강의를 시작했다. 한국사회복지교육협회장, 한국노년학회장, 한국사회복지학회장, 보건복지부 저출산위원회위원 등 복지·고령대책 분야에서 최고 전문가 중 한 명으로 활약해 왔다.

홍기택
중앙대 교수

대선 기간 중 힘찬경제추진위원단 소속으로 정책을 자문했던 홍기택 교수는 서강학파 출신으로 스탠퍼드대에서 박사학위를 받았고 한국은행 이코노미스트를 거쳐 1995년부터 중앙대에서 경제학과 교수로 활동해 왔다. 기획재정부 세제발전심

의위원, 중앙대 정경대학장, 한국투자공사 운영위원 등 다양한 분야에서 활약해 왔고 금융 정책, 규제 완화 분야에 특히 관심이 많다.

김인기
중앙대 교수

역시 서강대 출신인 김인기 중앙대 명예 교수는 미국 메릴랜드대에서 박사학위를 받은 뒤 경제기획원 자문위원, 중앙대 경제연구소장, 한국금융학회장, 한국은행 금융통화위원, 한국경제학회장, 공적자금관리위원회 민간위원 등의 화려한 경력을 쌓아 온 원로급 인사다. 소장, 중견학자들이 중심이 된 미래위원회에서도 김광두 원장과 함께 맏형 역할을 해왔다. 학계와 정부에서 풍부한 경륜을 쌓았다는 점 때문에 차기 정부가 출범하면 경제 분야 장관으로 중용이 점쳐진다는 평가를 받는다.

대선 기간 중 새누리당 정부개혁추진단장을 맡은 옥동석 교수는 서울대에서 박사학위를 받은 뒤 인천대 무역학과 교수, 물류대학원장 등을 역임했다. 대통령직 인수위원회가 정부 조직 개편을 추진할 때 역할이 기대된다.

옥 교수는 안종범 의원과 함께 복지·재정 분야에서 주로 정책

조원을 해왔다. 대선 레이스 초반 국회 기획재정위가 개최한 공청회에 참석해 "재정 사업의 효율성을 제고하기 위해서는 신자유주의적 구조조정이 필요하다"는 견해를 내놓기도 했다.

이밖에도 서강학파 출신으로 미래연구원 소속인 전준수 서강대 교수, 김홍균 서강대 교수 등도 정책 자문을 많이 해왔다. 전준수 교수는 새누리당 지역발전추진단 위원으로 대선 때 활약했고 국무총리실 산하 제주해군기지 기술검증위원회 위원장을 맡기도 했다. 환경·에너지 분야에 조예가 깊은 김홍균 교수는 이번 대선에서 새누리당 행복추진위원회 소속으로 이 분야의 정책 입안에 기여했다. 역시 미래연구원 소속인 조명현 고려대 교수는 기업경영 분야에서 주로 정책 조언을 해왔다.

원로 자문그룹

박 당선자를 돕는 원로급 인사 가운데 '경제 멘토'는 단연 김종인 새누리당 국민행복추진단장, 남덕우 전 국무총리, 김용환 전 재무부 장관 등 전직 경제관료 3인방을 꼽을 수 있다. 미래연구원 출신 교수·의원들이 정책 실무를 담당했다면, 이들은 근혜노믹스의 큰 방향을 잡아주는 조타수 역할을 했다.

경제민주화 세부 공약을 놓고 이견 차이를 보이기는 했지만 김종인 새누리당 국민행복추진단장은 근혜노믹스의 기본 뼈대를 세운 대표적인 경제 멘토다. 1987년 직선제 개헌 때 훗날 '경제민주화' 조항으로 불리는 헌법 제119조 제2항의 신설을 주도했고 이

김종인
전 의원

후 '경제민주화'와 '재벌개혁'을 상징하는 인물로 입지를 굳혔다.

한국외대 독일어과를 나온 뒤 독일 뮌스터대에서 석·박사학위를 받았고 그때부터 독일의 경제민주화를 심도 있게 연구해왔다. 서강대 교수로 재직하다 5공 정부에서 발탁돼 11대 비례대표 의원으로 정계에 입문한 뒤 4선 경력을 쌓았다. 노태우 정부 시절 청와대 경제수석으로 있을 당시에는 대기업의 비업무용 부동산을 매각하게 만드는 규제조치를 내놓는 등 강도 높은 재벌개혁으로 주목을 받았다(1990년 5·8조치).

국가주도 시장경제를 강조하는 독일에서 학위를 받은 영향으로 불공정한 시장에 대한 정부의 개입을 지론으로 삼고 있다. 대선 레이스 기간 중 이한구 원내대표와 벌인 설전은 그의 경제철학을 잘 대변한다.

김종인 단장은 "이한구 원내대표는 재벌기업에 오래 종사했기 때문에 경제민주화를 잘 모른다. 그쪽 이해를 대변하고 있

다”고 지적했다. 이에 대해 이한구 원내대표는 “경제민주화를 재벌과 관련된 것으로 국한하는 것은 경제학자들 사이에선 모자란 생각이다”라고 응수했다.

헌법 제119조 제2항이 만들어졌던 1987년은 군부에 의한 시장 개입이 당연시됐던 시절이었다. 따라서 시장이 자유화됐고, 저성장 기조가 뚜렷해진 오늘날에는 보다 유연한 대기업 정책, 일자리 창출과 투자유치에 도움이 되는 선별적인 기업 규제가 더 효과적이라는 주장에 무게가 실리고 있다.

그는 저서《지금 왜 경제민주화인가》를 통해 “재벌들의 탐욕을 견제해야 한다. 진정한 경제민주화를 이루려면 경제적 강자들의 희생정신이 필요하다. 이를 위해서는 경제민주화의 개념을 확실하게 이해한 정치 지도자가 나와야 한다”고 주장했다. 기존 순환출자 규제 등 각론 부문에서 표출된 이견 차이에도 불구하고 박 당선자가 경제민주화 이론의 기본 개념을 제공한 김 단장에게 일정한 역할을 부여할 가능성이 높다는 전망이 우세하다.

3공화국 대표적 경제관료인 남덕우 전 총리는 2002년 박근혜 당시 한나라당 부총재의 후원회장을 맡으며 다시 한 번 각별한 인연을 맺었다. 박 당선자가 정계에 입문할 때부터 조언을

해 왔지만 후원회장을 직접 맡음으로써 든든한 후견인 역할을
자임하고 나선 것이다.

서강대 교수로 재직하다 박정희 대통령
에게 발탁돼 1969년 10월부터 1974년 9
월까지 4년 11개월 동안 재무부 장관을,
이후 1978년까지 부총리 겸 경제기획원
장관을 맡으며 3, 4공화국 경제 정책을 사
실상 총지휘했다. 김광두 미래연구원장을

남덕우
전 총리

박 당선자에게 소개시켜 준 것도 남 전 총리라는 점을 감안하면
박 당선자의 경제 인맥 양대 주축인 서강학파, 미래연구원을 사
실상 남 전 총리가 뒤에서 지원해 왔다고 봐도 무방할 정도다.

남 전 총리는 '선-성장, 후-분배'의 원칙 아래 시장주의에 입
각한 관리형 경제성장을 기본 철학으로 내세운다. 성장주의에
초점을 맞추다 보니 대기업 중심, 수출지상주의로 인한 구조적
불균형 등 문제점이 노출되기도 했다. 1970년대 고도 압축성장
기의 경제철학과 사회적 약자층 배려, 경제 불균형 해소가 화두
로 부상한 현재, 성장과 분배를 어떻게 조화시키느냐가 정책 조
언의 최대 과제가 될 것으로 보인다.

박정희 정부에서 남 전 총리와 호흡을 맞췄던 김용환 전 재무

김용환
전 재무장관

부 장관은 이번 대선에서 새누리당 선대위 고문으로 다시 활약했다. 김 전 장관은 박정희 정권에서 청와대 경제수석, 재무부 장관을 지냈고 13대 총선에서 김종필 총재가 이끄는 신민주공화당에 합류해 4선의 경력을 쌓았다. 과거 인사라는 꼬리표에도 불구하고 선대위에 고문으로 위촉된 것은 박 당선자의 신뢰가 그만큼 두터웠기 때문이다.

충남 보령 출신으로 이번 대선에서 박 당선자가 충청권에서 약진하는데 적잖은 기여를 했다는 평가를 받는다. 이한구 새누리당 원내대표와 동서지간이기도 하다. 2007년 한나라당 경선 때도 선대위 고문으로 박 당선자를 시근거리에서 도왔고, 이후 박 당선자의 원로 자문그룹인 7인회(김용환, 김용갑, 최병렬, 안병훈, 김기춘, 현경대, 강창희)를 사실상 이끌어 왔다.

남 전 총리가 원조 멘토라면 김 전 재무부 장관은 중간 멘토 정도로 보면 무난하다. 유신정권이 한창이던 1974년 40대 나이로 재무부 장관에 발탁됐고 수출 중심 고도성장기였던 1970년대 중반 금융·재벌 정책을 사실상 총괄했다. DJP 연합에 따라 김대중 대통령 탄생에 기여한 후 국민의 정부에서 비상경제대책위원장을 역임하며 외환위기 돌파, 외자유치에 또 다른 수

완을 발휘해 주목을 받았다. '관치금융'시대에 관료로 활동했던 김 전 장관이 박근혜 정부 금융 정책에 어떤 방향과 해법을 조언할지 주목된다.

현명관
전 전경련 부회장

삼성물산 회장 출신인 현명관 전 전경련 부회장은 재계 인맥 중 박 당선자를 돕는 대표 인물로 꼽힌다. 주로 실물경제 분야에서 정책 조언을 해왔다. 역시 국가미래연구원 소속으로 이번 대선 경선 때는 박근혜 캠프에서 정책위원을 맡았고, 앞서 박 당선자가 5년 전 한나라당 경선에 출마했을 때도 경제자문단으로 활동하며 '줄푸세' 등 공약 개발과 정책 조언에 나선 바 있다.

평생을 삼성그룹에 바쳐 온 전형적인 '삼성맨'으로 이건희 회장 비서실장, 삼성종합건설 대표이사 사장, 삼성물산 회장 등을 거쳤다. 차기 정부에서는 기업 규제 완화, 일자리 창출 전략 등 실물 현장과 관련된 분야에서 정책 조언을 할 것으로 보인다. 이번 대선 레이스에서는 삼성 출신, 전경련 출신이라는 배경 때문에 경제민주화 정책과 맞지 않는다는 판단에 따라 전면에 나서지 않았다. 하지만 박 당선자가 재계 인맥, 특히 대기업 인맥

이 많지 않다는 점에서 언제든지 중용될 수 있다는 전망이다.

당 내외 중진급 경제 참모들

원내에서 경제 정책·이론을 제공해 온 대표적인 인사로는 대선후보 비서실장을 맡았던 최경환 의원을, 원외 인사로는 이혜훈 중앙선대위 부위원장을 우선 꼽을 수 있다. 핵심 측근으로 분류되는 최경환 의원은 대선 레이스 초반 박 당선자 참모진에 대한 인적 쇄신 요구가 불거지자 "우리끼리 네탓 내탓 할 시간이 없다"며 비서실장직을 과감하게 사퇴했다. 이후 새누리당의 내홍이 봉합되면서 당내 화합을 이끌고 선거 진용 출진 채비를 갖추는 데 기여한 최고 공신으로 꼽혔다. 대선 레이스 기간 내내 전국을 돌며 유세에 나섰나.

최 전 의원은 대구고를 졸업하고 경산·청도에서 출마해 3선 고지에 오른 정통 TK 인맥으로 분류된다. 연세대 경제학과를

최경환
의원

졸업한 뒤 행정고시(22회)에 합격했고 위스콘신대에서 박사학위를 받았다. MB정부 때는 인수위원회 경제2분과위 간사로 일한 인연으로 2009년 9월부터 2011년 1월까지 지식경제부 장관을 역임했다. 합리적인 정책 조정과 원만한 인품이 장점

이며 박근혜 정부가 출범하면 초대 기획재정부 장관으로도 이름이 오르내린다.

새누리당의 대표적인 여성 경제통인 이혜훈 최고위원은 박 당선자의 최측근 경제참모 중 한 명이다. 미국의 싱크탱크인 랜드연구소 연구위원과 여의도연구소 부소장, 한국개발연구원(KDI) 연구위원 등 탄탄한 경력과 경제 이론으로 잘 무장돼

이혜훈
최고위원

있다. 정치적 영향력도 중진급 이상이라는 평가를 받는다. 내무부 장관, 신한국당 사무총장을 지난 김태호 전 의원이 시아버지이고 박 당선자의 경제자문그룹 중 한 명인 김영세 연세대 교수가 남편이다.

박 당선자가 당대표를 역임할 당시 제3정책조정위원장(재정·정무·예결)을 무난하게 소화해 내며 실력을 인정받았다. 19대 총선 때 의외로 공천(서울 서초갑)을 받지 못했지만 선대위 종합상황실장을 맡아 박 당선자를 보좌했고, 대선 레이스에서도 선대위 부위원장으로 각종 유세, 토론회 등에서 근혜노믹스를 전파하며 맹활약했다. 서울대 경제학과를 졸업한 뒤 UCLA대에서 박사학위를 받았으며 영국 레스터대 교수, 연세대 동서문

제연구원 연구교수, 유엔 정책자문위원 등을 거쳤다.

이한구
원내대표

TK 인맥을 대표하는 이한구 원내대표는 대선 기간 중 당내 결속을 통해 박 당선자를 탄탄하게 보좌했다. 대선 레이스 초반 경제민주화 속도를 놓고 김종인 국민행복추진위원장과 마찰을 빚기도 했지만, 문재인 후보가 속했던 참여정부의 경제 실정을 집요하게 파헤쳐 박 당선자의 당선에 큰 기여를 했다는 평가를 받는다. 경북고, 서울대를 거쳐 캔자스주립대에서 박사학위를 받은 보수적인 경제학자 출신으로 대우연구소장을 역임했다. 16대에 첫 등원해 내리 4선(대구 수성갑)에 성공한 뒤 19대 국회 새누리당의 첫 원내대표로 선출됐다.

조세·재정 전문가로 한양대 교수에서 정치인으로 변신한 나성린 정책위부의장도 여당 정책입안을 주도하며 박 당선자를 도왔다. 서울대를 졸업한 뒤 옥스퍼드대에서 박사학위를 받았고 18대 비례대표로 국회에 등원한 데 이어 19대 총선(부산진갑)에서 재선에 성공했다.

당내 대표적인 TK 인사인 유승민 국회 국방위원장은 최경환

의원과 함께 대표적인 '친박' 경제통으로
분류돼 왔다. 한국개발연구원(KDI)을 거
쳐 한나라당 여의도연구소장, 제3정조위
원장을 역임했다. 개혁 성향의 경제학자
출신인 유 위원장은 박 당선자가 한나라당
대표 시절 비서실장을 맡으며 최측근 참

유승민
국회 국방위원장

모로 꼽혔고, 2007년 경선 캠프 때도 정책메시지단장을 맡으며
중용됐다. 19대 총선 전후 박 당선자와 관계가 다소 소원해졌
지만 이번 대선에서 중앙선대위 부위원장을 맡으며 다시 박 당
선자의 지근거리로 복귀했다. 유수호 전 의원의 차남으로 대구
동을에서 3선에 성공했다.

김호연 전 빙그레 회장도 박 당선자와
같은 서강대 출신으로 새누리당 내에서 대
표적인 친박 인사로 분류돼 왔다. 18대 국
회의원이자 한화 김승연 회장의 동생이다.
김 전 의원은 19대 국회의원선거에서 낙선
했지만 이번 대선 레이스에서 중앙선대위

김호연
전 의원

종합상황실 부실장을 맡는 등 박 당선자를 지근거리에서 보좌
해 왔다.

박근혜 당선자에게 바란다 : 경제전문가들의 조언

에너지 과소비, 악성 공기업 부채 정리해야

김인철 성균관대 교수(차기 경제학회장)

우리 국민은 새 대통령이 꿈과 희망을 주기를 원한다. 사람들은 내일의 희망이 보인다면 오늘의 고통은 견딜 수 있다고 생각한다. 대통령은 모든 국민이 꿈을 가질 수 있게 구체적인 정책 비전을 제시해야 한다. 사람들은 연령에 관계없이 꿈을 갖기를 원하며 이를 실천하고자 한다. 아무리 노력해도 꿈을 가질 수 없고 꿈이 있어도 실현할 수 없다면 사람들은 이 나라를 떠나고자 할 것이다.

그러나 어느 대통령도 당면한 모든 문제를 해결할 수는 없다. 대통령이 아무리 노력해도 해결할 수 없는 것이 많다. 또 5년 임기 내에 해결할 수 있는 것도 있지만 그보다 더 많은 시간이

흘러야 해결되는 문제도 많다. 신임 대통령이 5년 임기 내에 할 수 있는 주요 문제들을 국민의 연령대별로 확인해 본다면 다음과 같다.

성장기에 속하는 사람들은 주로 초·중·고 공교육과 대학교육, 그리고 직업훈련 등을 받는 사람들이며 병역의무를 수행하고 있는 사람들도 포함된다. 그런데 우리나라에서는 일류대 출신의 '승자독식' 현상 때문에 고등학교까지의 공교육은 정상적으로 수행되지 못하고 학생, 학부형, 교사들은 거의 모두 일류대학에 가기 위하여 필사적인 노력을 한다. 극심한 대학입시 경쟁을 거치는 과정에서 학생들의 건전한 정서와 정신은 파괴되고 남을 배려하는 마음을 갖기 어렵게 된다. 그래서 대학입시 경쟁에서 낙오되는 학생들은 일찍부터 꿈을 버려야 하는 불행한 사람들이 된다. 대학에 진학해도 3%의 소수 'SKY 대학교' 졸업생들이 부당한 사회적 프리미엄을 누린다는 사실에 97%의 비(非) SKY 대학교 출신들은 좌절하며, 글로벌 경제 불황으로 청년실업문제시대를 맞게 되면서 졸업 후 취직도 제대로 할 수 없는 상황에 분노를 느낀다.

이 같은 사실 때문에 '반값 대학 등록금'과 '경제민주화'가 정치적 이슈가 되었다고 해도 과언이 아니다. 그래서 정당 모두가 예산제약의 어려움을 알면서도 18대 대통령 선거공약으로 내세웠다고 볼 수 있다. 일류대 출신 프리미엄이 없어지지 않고서는 공정한 경쟁을 전제로 하는 시장자본주의가 뿌리를 내릴 수 없다. 자신들의 네트워크를 통해 좋은 자리를 모두 독식하려는 행태가 없어지지 않는 한, 앞으로는 반값 등록금이 아니라 유럽처럼 모든 대학을 국립화해서 아예 수업료를 무료로 하자는 주장도 나올 수 있다. 그렇게 되면 우리나라 대학교육의 질 저화와 국가예산의 낭비가 악순환된다. 그러므로 공교육의 내실화와 사회 진출을 위한 균등한 기회의 보장이 대통령의 최우선 과제가 되어야 한다. 이 과제를 5년 임기 내에 해결하기는 힘들 것이다. 그러나 차기 대통령은 역대 대통령보다 노력을 배가해서 문제 해결의 기초를 다져야 한다.

우리나라에서 30~50대는 경제활동인구의 주축을 이루고 자녀들의 교육을 책임지며 은퇴한 노년층을 지원해야 하는 사람들이다. 사회에서 중심적 역할을 담당하면서 직장에서 과중한 업무를 수행하고 국가에 많은 세금을 내는 사람들이다. 이들에게도 꿈은 있다. 스펙도 쌓고 자기계발을 틈틈이 해서 직장 내 승진을 바라보거나, 좀 더 나은 직장으로 옮겨갈 것을 계획하거나, 늦기 전에 봉급자 생활을 접고 독립해서 자기 사업을 하려는 꿈이 있다. 그래서 편안한 노후생활을 하고 싶은 꿈이 있다. 이들의 꿈을 이룰 수 있게 대통령은 좋은 일자리를 만들고 공정한 조세체계를 유지해야 한다.

좋은 일자리를 만들고 청년실업문제를 해소하기 위해서는 우선 기존의 폐쇄경제 거시정책을 고쳐야 한다. 지금 우리는 자본과 노동이 자유로이 움직이는 글로벌 개방경제에 살고 있다. 국내의 금리통화 정책이 별 효과가 없는 시대를 맞고 있어서 국제금융 경제학의 개념이 빠진 거시정책은 이용가치가 없어졌다. 유럽의 단일통화제도의 실패를 교훈삼아 통화 정책과 환율 정책을 유연하게 실시할 수 있어야 한다. 그리고 무엇보다도 인플레 목표를 임의적으로 너무 낮게 책정함으로써 전기·가스요금을 시장 수준으로 올리지 못해 에너지 과소비를 조장하고 악성 공기업 부채를 초래해서는 안 된다.

은퇴기인 60대 이상 연령층은 정규 직장을 퇴직하고 노후 여가생활을 하는 사람들이 주축을 이룬다. 평생 자녀를 위해 고생하고 또 국가 발전에 기여한 사람들이기 때문에 이들을 위한 연금기금을 확충하고 이 기금을 운영하는 제도를 개선해야 한다. 그리고 이제는 건강이 좋고 평균 수명이 크게 늘어나 계속해서 일을 하고 싶은 사람이 많아졌다. 또 병원, 학교, 공공기관 및 종교기관에서 자원봉사하려는 사람도 많아졌다. 이런 사람들의 소망을 수용하는 예산과 제도도 확충해야 한다.

새 대통령은 노년층도 그들의 꿈을 실현할 수 있도록 KOICA(한국국제협력단)와 같은 노년층의 봉사활동을 돕는 기구를 신설할 필요가 있다. 지식과 경륜을 쌓은 어르신들의 지혜를 배우고 이들로부터 도움을 받을 수 있는 제도와 기구도 함께 설립할 필요가 있다.

고비용, 저효율 불량규제 철폐해 예측가능성 높여야

김종석 홍익대 교수

글로벌 금융위기 이후 시장 기능에 대한 불신이 확산되면서 정부의 경제에 대한 개입과 규제가 전방위적으로 강화되고 있다. 친기업을 표방했던 이명박 정부가 임기 중 상생과 형평을 강조하면서, 비록 선거를 앞둔 정치권의 요구에 의한 것이었지만 역설적으로 역대 어느 정부보다 임기 중 반시장적 규제들을 대량으로 도입한 정부가 되었다. 경제민주화 명분으로 각종 할당제, 의무제, 허가제, 가격규제와 같은 고강도의 규제들이 면밀한 비용편익분석이나 부작용에 대한 검토 없이 도입되었다. 새 정부는 선거 기간 중 정치논리에 의해 대량으로 도입된 이 같은 고비용 저효율의 불량규제를 재점검하고 개혁하는 작업을 국정의 우선과제로 추진해야 할 것이다.

규제개혁은 기업의 이익을 위해 소비자를 희생하고 환경을 파괴하는 정책이 아니다. 대기업의 이익을 위해 중소기업을 어렵게 만드는 정책도 아니다. 또한 규제개혁은 규제의 완화·폐지만을 의미하는 것이 아니다. 사회주의 중국과 베트남에서도 규제개혁을 하고 있다.

규제개혁은 수단으로써의 정부규제에 대한 품질 향상 과정을 의미한다. 정책목표 달성에 동원되는 규제 수단의 유효성, 경제성 등을 평가해 비규제적 정책대안을 모색하거나, 규제 수단을 사용하더라도 보다 유연하고 시장친화적인 대안을 도입하는 과정을 의미한다. 규제개혁은 민간에게 준수 유인을 제공해 준수율을 높이고 예측가능성과 투명성을 높여 규제성과를 보다 효과적으로 달성하기 위한 정부 고유의 규제품질 개선 기능이다.

규제개혁의 기대효과는 여러 가지로 나타난다. 우선 기업의 규제 준수비용 감소와 규제 수혜자인 국민의 삶의 질 향상을 통해, 기업경쟁력을 강화하고 국민 편익을 증진시키고자 한다. 정부 규제는 '감추어진 세금(Hidden Tax)'이다. 어떤 규제든지 규제는 비용을 유발한다. 정부에는 집행비용, 국민에게는 준수비용, 그 외에 각종 부작용과 왜곡이 초래된다. 따라서 규제개혁을 통해 규제 준수부담을 줄여주면 이것은 기업에 대한 감세와 같은 효과를 내게 되어 장기적으로 경제성장을 촉진하고 일자리 창출과 물가안정에 기여하게 된다.

한국의 경우 많은 규제들의 규정이 모호하고 복잡해, 기업활동의 불확실성을 높이고 민간의 준수부담을 증가시킨다. 복잡하고 모호한 정부 규제는 부정과 비리의 온상이 되며, 정직하고 성실한 사회기풍의 조성에도 장애가 된다. 또한 규제가 일방적이고 강압적일수록 피규제자들의 규제 회피 노력이 증가한다. 이는 결과적으로 규제 도입의 기대효과를 감소시킬 뿐 아니라 부정과 비리의 원인이 된다. 규제개혁을 통해 규제를 투명화하고 예측가능성을 높이면, 권한 오남용과 부정·비리 가능성이 차단될 뿐만 아니라 규제의 불확실성으로 인한 경제활동 위축을 해소할 수 있다.

규제개혁 기본원칙은 공정한 경쟁을 촉진하는 것이다. 특정 집단이나 지역에 배타적인 이득을 부여하는 보호적 규제는 폐지되어야 한다. 이런 규제들은 이권과 특혜의 원천이 될 뿐 아니라, 독점이윤이나 특혜를 획득하기 위한 소위 '지대추구행위'를 유발하기 때문에 자원의 낭비를 초래하고 부정부패의 원인이 되기도 한다.

경쟁력은 경쟁을 통해서만 향상될 수 있다. 많은 규제가 경쟁을 제약하고 기존 기업들의 수익성 확보를 위한 보호장치화되어 있다. 이는 동시에 국민들의 경제적 자유와 직업 선택의 자유를 제약하는 결과도 초래한다. 그러므로 경쟁제한적 규제를 폐지하여 창업을 활성화하고 일자리 창출에 기여해야 한다. 이런 점에서 골목상권 보호를 위해 도입된 대형 유통점포에 대한 각종 영업 규제는 그 득과 실을 따져 비규제적 수단으로 접근하는 것이 더 바람직하다.

규제의 편익과 비용에 대한 검토도 필요하다. 규제의 기대효과에 비해 사회적 비용 또는 부작용이 큰 규제는 폐지하거나 보다 효과적인 정책대안을 마련해야 한다. 규제의 사회적 순편익은 규제의 기대효과(사회적 편익)에서 규제의 사회적 비용을 뺀 나머지이므로, 규제의 사회적 순편익을 극대화하기 위해서는 규제가 달성하고자 하는 정책목표 수준(예: 물가억제선, 오염물질배출기준, 식품유통기한 등)이 적정한가에 대한 평가와 이 목적을 달성하기 위해 동원된 규제수단의 사회적 비용이 적정한가에 대한 평가가 병행되어야 한다. 또한 규제영향분석(Regulatory Impact Analysis)과 같은 종합적 분석을 통해 규제수단 선택을 합리화해야 한다.

'원칙 금지, 예외 허용'을 기본원리로 하는 각종 사전 규제는 원칙적으로 사후규제 방식으로 전환해야 한다. 또한 허용되는 행위만 열거하는 포지티브 리스트(Positive List) 방식을 금지되는 행위만 열거하고 나열되지 않은 행위는 원칙적으로 허용하는 네거티브 리스트(Negative List) 방식으로 전환해야 한다.

한국 정부의 규제문제는 규제개혁 시스템의 문제라기보다는 이익집단에 포획된 정치인과 관료들에 의한 규제개혁 시스템의 부실한 운영의 결과로 볼 수 있다. 따라서 규제개혁위원회의 법적 지위와 권능에 부합하도록 위원회 위원의 자질과 격을 높이고, 규제 부처에 대해 보다 강력한 억제력을 지닐 수 있도록 추진 체계를 정비해야 한다. 또한 규제영향분석(RIA)제도의 유효성을 높여 불량 규제가 졸속으로 도입되는 것을 억제해야 한다. 국회 입법 과정에도 이런 규제 품질관리 절차가 도입되어야 한다.

복지 정책은 근로의욕 꺾지 않는 방향으로 추진돼야

김경수 성균관대 교수

저성장은 한국경제가 당면한 가장 큰 도전이다. 실제로 지난 30여 년간 한국의 경제성장률은 하향추세를 보였다. 연평균 실질성장률은 1980년대 9.8%, 1990년대 6.6%에서 2000년대 4.1%를 기록했고 특히 지난 5년간 연평균 성장률은 3.5%에 불과했다.

긴 호흡으로 경제를 평가할 때 성장률, 즉 성장의 양보다는 질이 더 중요하다. 예를 들면 완화적 통화 정책으로 성장을 높인다면 미래의 성장을 미리 끌어당긴 것에 다름없다. 왜냐하면 미래는 성장 대신 인플레이션만 남기 때문이다.

정부재정을 투입해서 성장을 촉진하려 한다면 끊임없이 재정을 투입하지 않는 한 그 효과는 지속될 수 없으며 종국에는 빚만 남게 된다. 애당초 통화·재정 정책은 경제의 쏠림을 막는 안정화 수단일 뿐 성장을 촉진하는 수단은 아니다.

물적 자본의 투입에 의존한 성장, 즉 양적성장은 자본의 투입에 따른 대규모 투자가 필요하나 투자재원의 조달이 문제가 된다. 투자의 수요가 저축의 공급보다 클 때 대외수지적자가 발생하기 때문이다. 동아시아 외환위기에서 경험했듯이 누적된 적자로 인한 외채를 더 이상 감당하지 못할 때 양적성장은 멈출 수밖에 없다. 따라서 성장의 질, 즉 지속가능한 성장이 중요한 것이다.

경제가 성숙되면 총요소생산성이 낮은 정체산업의 생산 비중이 증가하고 반대로 성장산업은 감소하는 일반적인 추세 현상이 나타난다. 고용창출기능이 약화된 성장산업 대신 정체산업이 고용을 흡수하는 한편 경제의 서비스화가 일어나 정체산업의 큰 비중을 차지하는 서비스업에 대한 수요가 증가하기 때문이다.

이 추세는 1990년대 한국경제에서도 관찰되었다. 그러나 동아시아 외환위기 이후 오히려 성장산업의 비중이 늘어나고 정체산업의 비중은 줄어드는 정반대 현상이 일어났다. 그 이유는 외환위기가 생존기로에 섰던 한국경제가 효율성을 추구하는 계기가 됐다. 그 결과 성장산업인 수출 제조업이 크게 약진했기 때문이다. 외환위기 이후 세계적 반열에 들어선 대기업들이 등장한 사실이 이를 증명한다.

그러나 정체산업의 위축으로 고용이 수익성이 떨어지는 부문으로 몰리게 되었고 그 결과 고용의 질이 떨어지고 자영업의 경영환경은 크게 악화되었다. 위기가 효율성을 추구하는 동인(動因)으로 작용했다는 것을 생각해 보면 글로벌 금융위기가 한국경제에 어떤 파급효과를 가져왔는지 쉽게 가늠해 볼 수 있을 것이다.

이상의 논의를 요약해 보자면 저성장 기조에 들어선 한국경제는 고용의 질이 악화되고 부문 간 경제적 격차가 심화되고 있으나 그 이면에는 효율성 추구가 작용하고 있다. 즉, 한국경제가 당면한 진정한 도전은 수출의존 경제의 구조적인 문제이며 저성장은 증세인 것이다. 구조적 문제 해결 없이 저성장 기조를 극복할 수 없으나 불행히도 이를 단기간에 해결하는 것은 불가능하다.

이제 한국경제의 방향 추는 경제민주화로 이동하고 있다. 그러나 한국경제의 구조적 문제를 치유하려는 노력 없이 경제민주화를 추구하려 한다면 자칫 '게도 구럭도 놓치는 우'를 범할 우려가 있다. 무엇보다도 총요소생산성이 높은 혁신 산업 부문을 키우지 않고서는 앞으로 늘어날 복지수요의 재원을 감당할 수 없으며, 자칫 납세자들에게 끊임없는 고통을 강요하거나 국가재정이 훼손될 위험이 있다.

우선 새 정부는 한국경제의 혁신 부문이 확대될 수 있도록 여건과 환경을 조성하는 노력을 경주해야 한다. 동시에 복지지출이 국민경제에 과중한 부담으로 작용하지 않도록 균형 있는 시각을 가져야 한다. 복지 정책이 근로의욕을 꺾지 않는 방향으로 추진되어야 하며 그 혜택이 '반드시' 필요한 곳에 '충분히' 전달되어야 하되, 복지재원이 '희소자원'임을 잊지 말아야 한다.

한국경제의 구조적 문제를 치유하는 것은 이 문제가 고착된 시간만큼이나 오랜 시간이 소요될 수 있다. 듣는 이에 따라 동의하지 않을 수도 있겠으나 현재 한국경제의 모습은 유감스럽게도 주어진 상황에서 나름 최선을 다한 결과의 산물이다. 그러므로 수출 중심 경제구조를 단기간에 바꾸는 것은 현실적으로 가능하지도 바람직하지도 않다.

새 대통령 앞에 글로벌 경제위기와 과도한 가계부채, 집값 하락이 초래하는 부채디플레이션 압력으로 인한 총수요 하방위험을 극복해야 하는 과제가 기다리고 있다. 자칫 불황이 장기화되거나 또 다른 위기로 가지 않도록 하기 위해서는 안정적 거시정책 운용에 우선순위를 두어야 한다.

공공 부문, 상시 구조조정 체제로 전환해야

이인실 서강대 교수

새 대통령에게 경제 분야에서 크게 네 가지를 요청하고 싶다.

첫째는 복지총액예산제도를 실천하고 국가채무관리 정책을 별도로 운영해 달라는 점이다.

이미 내놓은 복지 공약이 실현된다면 그 규모는 현재 재정으로는 감당할 수 없을 것이며 관리대상재정수지의 적자는 불가피해 보인다. 집권 초기 복지 정책 5년 로드맵을 수립하고 복지 사각지대를 없애기 위한 국민적 합의를 끌어내야 한다. 이미 실행하고 있는 총액예산자율배분제도를 활용해 복지예산부터 총액을 설정하고 재원에 맞춰 우선순위를 정하는 복지 총액예산제도를 실행해야 한다. 국민이 자신에게 돌아오는 복지 혜택을 파악할 수 있게 해 국민이 자신의 복지에 대한 선택영역을 높여가야 한다. 예를 들어 교육과 의료 등 실생활과 직결된 분야는 사회적 약자층에게 일정 포인트를 부여하거나 마일리지 계좌제로 혜택을 제공해야 한다.

둘째는 공공 부문에서 상시적 구조조정이 필요하다는 점이다.

지나치게 정부의 역할을 강조하는 정책은 바람직하지 않다. 시장이 실패하듯 정부의 실패는 더 큰 문제를 낳는다. 부처 통폐합을 통해 중복 예산을 줄이고 세출 낭비를 없애는 정부 개혁이 필요하다. 중소기업부 신설, 해양수산부 부활 등 정부 부처를 더 만들고 각종 위원회를 늘리겠다는 공공 부문 확대 발상은 업무 효율성보다는 예산 낭비만 초래할 가능성이 크다. 기업의 구조조정은 상시적으로 진행되고 있으나 공공 부문의 구조조정은 매우 자의적이며 정책 당국자의 의지에 의해 결정되고 있다. '국가공무원 총정원령'과 '행정권한의 위임 및 위탁에 관한 규정' 등에서 명시된 공공 부문의 구조조정 의무를 뒷받침하는 구조조정 수단들에 대한 체계적인 절차와 지침이 없다.

셋째는 임금과 일자리의 빅딜 추진이다.

일자리 정책은 외환위기 이후 지속적으로 어느 대통령이나 최우선과제로 추진해왔지만 모두 성공하지 못했다. 기업은 기업대로 사회적 책임에 취약하고 노동조합은 단적 이익에 집착하고 있다. 갈등을 조정해야 할 제도도 제 역할을 못하고 있으며 정부는 예산 투입을 통한 제한적 일자리 사업에 치중하고 있기 때문이다. 50대 퇴직이나 90대 평균연령시대에 대비하기 위한 일자리 정책의 핵심은 일자리와 임금의 빅딜이다. 일자리문제는 경제 전체 구조의 문제이며 일자리를 늘리기 위해서는 임금의 전반적인 조정이 불가피하다. 이를 위해서는 기업, 근로자, 사회단체 등 각종 이해관계자들의 양보와 타협이 없이는 해결하기 어렵다.

마지막으로 가계부채와 하우스푸어에 대해 해결책을 만들어 나가야 한다.

우리 경제는 가계부채, 잠재성장 저하, 고령화 등 소위 대차대조표형 장기침체가 진행 중이다. 가계부채 조정과 고령인구 증가 등은 불가피한 요인이지만 정책적 노력으로 완화시킬 수 있다. 고령층 노후불안을 해소하기 위해 연금제도를 강화하고 정년연장 등을 통해 노후준비 기간을 늘릴 필요가 있다. 고령층 실물자산 의존도가 높다는 점을 고려해 주택연금을 확대하고 자산가치의 완만한 조정을 유도해야 한다. 가계부채문제는 경기냉각이 길어질수록 가장 먼저 희생자가 될 노령자, 자영업자, 저소득자 등 가계부채 취약계층의 채무상환 여건에 초점을 맞추어야 한다. 이들의 부채가 부실화되는 것을 신제적으로 차단하려는 노력을 계속하면서 소득과 상환능력에 기반한 가계대출이 이뤄질 수 있도록 유도하는 한편 개개인이 부채를 관리해야 한다는 메시지를 지속적으로 전달해야 한다.

단기적인 가계부채 대책으로는 가계부채의 60%가 아파트 등 부동산 불황과 연계돼 있는 만큼 부동산 침체기를 빠르게 벗어나게 하는 정책이 정부나 가계, 금융, 기업 모두에게 마련되는 것이다. 시장 침체에서 벗어나기 위해 공급 조절이 필요하며 최근 공급 증가에는 영향을 준 공공 주도의 공급에 조절이 필요하다.

이때까지는 반복적인 취득세 정책으로 시장 변동성만 키웠다. 세제 혜택의 기대감이 형성된 시장에서 세율이 복귀되더라도 추가 인하에 대한 기대감으로 거래를 경색시킬 가능성이 높기 때문이다.

하지만 최근 전월세 가격 상승이 아파트를 중심으로 발생하고 있는 만큼 금융위기 이후 시행해 온 소형주택 공급 확대 정책에 대한 속도조절이 필요하며 취득세 문제와 부동산 관련 세제도 종합적으로 검토할 필요가 있다.

대선 공약 집착 말고 유연하게 정책 펴야

이창양 카이스트 교수

새 대통령은 IMF 외환위기 직후 한국 경제를 넘겨받은 국민의 정부와 마찬가지로 매우 어려운 상황에서 한국 경제의 방향타를 잡게 될 것 같다. 이는 경제 환경을 특징 짓는 세 가지 측면을 보면 자명하다.

우선, 세계 경제가 매우 어렵다. 2008년 시작된 글로벌 경제위기가 지속되고 있고, 세계 경제는 저성장 국면으로 빠져들고 있다. 수출에 크게 의존하는 우리 경제를 가장 어렵게 하는 요인이다.

둘째, 우리 경제의 체력이 약화되고 있다. 경제 체력의 한 지표인 잠재성장률이 3% 수준으로 낮아졌고 앞으로 나아지기가 쉽지 않다. 저출산과 고령화로 경제활동인구가 감소하는 상황에서, 이를 상쇄할 설비 투자와 혁신을 통한 생산성 향상도 부진하기 때문이다.

마지막으로, 경제를 둘러싼 정치사회적 환경이 우호적이지 않다. 저성장과 일자리 부족, 소득 양극화와 고령화는 복지와 경제민주화에 대한 정치적 요구를 높여 중장기적인 안목으로 경제적 합리성에 따라 경제 정책을 펼치기가 쉽지 않을 것이다.

이러한 여건을 감안할 때, 새 대통령과 정부는 다음과 같은 자세를 견지하는 것이 바람직하다. 첫째, 5년의 임기 동안 일자리, 복지, 경제민주화 등 주요 경제문제에서 상당한 성과를 얻기는 어렵다는 한계를 인식해야 한다. 긴 시각에서 경제의 체력을 높인다는 자세가 필요하다. 둘째, 대선 과정에서 내세운 경제 공약들에 연연하지 말아야 한다. 정치적 논리와 필요에 따라 깊은 검토 없이 마련된 공약들을 재검토하고 그 실행 여부를 유연하게 결정해야 한다. 셋째, 많은 경우 경제문제의 근본적인 원인과 해법이 비경제적인 부문에 있다는 것을 염두에 둬야 한다. 예를 들면, 청년실업과 비자발적 자영업의 과잉, 높은 사교육비에 따른 소비 부족과 저출산 등은 보육을 포함한 교육 부문에 그 해답이 있다. 마지막으로 가계와 공기업의 부채 과잉 등 위험 요인은 선제적으로 해결해야 한다.

새 대통령과 정부가 추진해야 할 정책과 그 방향을 짚어보면 다음과 같다.

우선, 경제의 성장이 여전히 중요하다. 성장 없이는 전반적인 소득 수준의 향상과 일자리 창출 및 복지 역량의 확보가 어렵기 때문이다. 물론 오늘날의 지식기반형 성장이 과거의 생산기반형 성장에 비해 일자리 창출력이 낮고, 성장 과실의 흐름이 지식노동자에게로 편향되지만 여전히 성장은 필요하다. 세계적인 저성장과 우리 경제의 성장잠재력 감소를 고려하면 더욱 그렇다.

성장을 위해서는 출산율을 높여 경제활동인구를 늘리고 기업의 투자를 유도해야 하며, 무엇보다도 기술 혁신과 규제 완화가 중요하다. 특히, 기술혁신형 벤처기업의 창업과 서비스산업의 육성을 위해 규제와 진입 장벽을 과감하게 허물고, 설비 투자와 연구개발 투자에 대한 지원을 크게 높여야 한다. 가계부채의 진원지인 주택시장의 복잡한 규제도 대폭 줄여야 한다.

둘째는 성장기여형 복지체계의 구축이다. 대선 과정에서는 복지의 범위(선별적 또는 보편적 복지)를 두고 정치적 경쟁을 했다면, 이제는 복지의 지향점과 내용을 명확하게 정립하고 이에 따라 자원을 배분해야 한다. 특히, 복지 프로그램이 도입되면 축소나 폐지가 어렵고, 저성장 국면에서도 점진적인 복지 확대가 불가피하다는 점에서 명확한 복지의 철학과 원칙이 필요하다.

새 정부의 복지는 소득보상적인 지원보다는 수혜자의 능력과 경제의 성장잠재력을 높이는 성장기여형 복지여야 한다. 무엇보다도 교육과 보육에 최우선 순위를 두어야 한다. 특히, 공교육의 질을 높여 교육 양극화를 해소하고 꽉 막힌 계층 간 이동 통로를 뚫어야 한다. 또한, 양질의 보편적인 보육체계를 조속히 구축하여 출산율을 높이고 경제활동인구를 늘려 나가야 한다.

셋째는 공정한 경제 질서의 확립이다. 대선 과정에서 순환출자 해소 등 재벌 규제를 골자로 하는 경제민주화 논쟁이 치열했지만, 경제는 민주화의 대상이 아니라 공정한 경쟁의 영역이다. 따라서 소위 경제민주화의 핵심은 공정한 경쟁 기회의 보장과 경제적 차별의 해소다. 전자를 위해서는 일감 몰아주기와 납품 단가 후려치기, 기술 및 인력 빼가기, 담합과 진입 저지 등의 불공정행위를 없애야 하고, 후자를 위해서는 동일노동, 동일임금 원칙에 따라 비정규직의 임금체계를 고쳐야 한다. 경제 질서와 법 집행이 경제적 강자의 이익을 주로 대변하고, 경제 반칙 행위에 대한 적발과 규제가 느슨하다는 인식을 불식하는 것이 경제민주화의 첫걸음이다.

넷째는 교육의 혁신이다. 그동안 교육문제는 높은 교육열과 광범위한 이해관계로 인해 가장 뜨거운 감자였다. 이에 따라 교육문제는 정치적이고 미봉적으로 다루어져 왔고, 이제는 교육문제를 넘어 많은 경제문제의 원인으로 작용하고 있다. 지식경쟁시대와 세계화시대에는 교육의 지속적인 혁신 없이는 경쟁력을 갖기 어렵고, 청년실업과 비자발적 자영업의 과잉을 근본적으로 해결하기 어렵다.

우선, 공교육의 질을 높여야 한다. 특히, 공교육 경쟁력의 핵심인 교사의 자질과 의욕을 높이고 교육 현장의 정치화를 막아야 한다. 둘째, 반값 등록금 이전에 부실 대학의 정리가 먼저다. 셋째, 질 높은 기능 및 직업 교육체계를 마련하여 청년실업을 줄이고 기능과 기술을 갖춘 경쟁력 있는 자영업과 서비스업을 키워야 한다. 마지막으로, 고교평준화 재검토 등을 통해 과거 지역 균형 발전과 교육 사다리를 통한 계층 간 이동의 통로였던 지방의 우수 고교를 육성해야 한다.

차기 정부는 그 어느 정부보다도 팍팍한 여건과 쉽지 않은 경제문제를 안고 있다. 이런 때일수록 명확한 정책의 틀이 필요하다. 새 정부는 교육 및 보육 혁신과 경제 공정화를 기반으로 성장과 함께 건강한 복지를 구현했으면 한다. 다음 5년은 우리 경제의 명운을 가르는 절체절명의 시기이다. 경제 정책의 추진에 있어 단기적인 시류와 정치적인 인기에 영합하지 않는 원칙 있고 끈기 있는 대통령이 간절히 필요한 때다.

장기적 안목 갖고 성장과 분배의 조화를 이루는 정책이 필요

이인호 서울대 교수

새 대통령은 정치, 경제, 그리고 사회에 관한 중요한 정책의 방향을 결정하고 집행을 책임지게 된다. 우리나라 정부의 기본 골격은 이미 갖춰져 있지만 이러한 기본 골격 위에서 현재 우리가 처한 상황을 고려하여 최선의 정책을 수립하고 집행하는 것이 앞으로 5년간 우리 국민의 삶, 그리고 나아가 그 이후 미래를 결정하는 데 중요한 역할을 하게 된다.

우선 기억해야 하는 사실은 경제 정책 당국이 우리나라 경제 운용의 목표를 정할 수는 없다는 것이다. 경제 운용의 목표로서 무엇이 바람직한 지를 결정하는 것은 대통령 선거 혹은 국회의원과 지방 자치단체장 선거, 그리고 선출된 대표자들과 국민들 간의 지속적인 소통과 같은 정치 과정이 담당하는 것이다. 경제 정책 당국은 정치 과정을 통해 정해진 목표를 가장 효과적으로 달성하는 방법을 찾아내는 역할을 해야 한다. 특히 성장과 분배

의 조화와 같이 근본적인 방향에 대해서 경제 정책 당국이 옳고 그름을 판단해 줄 수는 없다.

물론 경제 성장을 이룰 수 있다면 굳이 분배를 망치려 할 사람은 없고 같은 분배 개선을 이룰 수 있다면 굳이 낮은 성장을 선택할 사람은 없다. 그러나 세상에 공짜가 없듯이 성장을 위해서는 분배 개선을 유예해야 할 수 있고 반대로 분배의 개선을 위해서 낮은 성장을 감당해야 할 수 있다. 국민들이 원하는 이 둘 사이의 조합은 정치 과정에서 결정이 되고 정책 당국은 결정된 목표를 달성하도록 애써야 한다.

성장과 분배 간의 조합에 관해 또 한 가지 주의해야 하는 것이 있다. 바로 이 두 목표는 단기적으로는 경합적이어서 한 가지에 치중하면 다른 한 가지는 희생이 되는 측면이 있지만 중장기적으로는 보완성을 가지고 있다는 것이다. 우리가 지금 분배에 대해 논의하는 것은 그동안의 성장 결과, 나누어 가질 것이 생겼기 때문이다. 이처럼 분배 개선을 위해서는 성장이 중요하다. 그렇다고 계속 성장만을 중시하여 사회구성원들 간의 분배를 소홀히 하면 오히려 성장 동력이 떨어질 수 있다. 시장 경제는 기본적으로 구성원들의 구매력에 대응하여 생산이 일어나고 생산 과정에서 창출된 소득이 다시 구매력을 구성하는 순환 구조를 가진다. 만일 당장은 물건이 팔리지만 이로 인해 생겨난

수익이 소수의 사람들에게 집중되어 축적된다면, 고소득자들이 사려고 하는 소수의 고급제품을 제외한 시장 전반에 대한 구매력이 약해지고 생산에 대한 수요가 없어져 성장이 저해되는 악순환이 발생할 것이다.

정치지도자가 자신의 선호를 국민들에게 강요해서는 안 되지만 성장과 분배 간의 단기적 경합관계, 그리고 중장기적 보완관계를 지속적인 소통 과정을 통해 일반 국민들에게 전달해 그들이 현명하게 선호를 결정하는 것을 도와주어야 한다. 특히 국민의 의사와는 무관하게 자신의 고집을 피우면서 자신이 올바른지 그른지는 역사가 판단해 줄 것이라는 억지를 부리면 안 된다.

경제 운용의 방향이 정치 과정을 통해 결정된다면 이를 이루기 위한 구체적 정책의 내용은 대통령이 결정해야 하는 사항이다. 주어진 경제 운용의 목표를 달성하는 데 있어 가장 중요시해야 하는 것은 사용하는 정책이 정책 대상자와 정책 집행자들의 유인 구조와 부합되도록 수립되어야 한다는 것이다.

경제 운용의 목표가 바람직하기만 하면 그것이 저절로 얻어지는 것은 아니다. 목표를 이루기 위해서는 정책을 집행하는 사람과 정책의 대상자들이 목표에 부합하도록 행동해야 한다.

예를 들어 경기가 하강국면에 들어서 서민들이 대출금을 못 갚는 경향이 나타나고 있다고 가정하자. 금융 정책 당국에서는 서민들에 대한 대출 연장을 장려하여 서민들을 돕고 동시에 경기의 급속한 냉각을 피하고자 할 것이다. 그러나 이를 위해 금융기관장들을 불러 모아 놓고 서민에 대한 대출금 회수를 자제하라고 지시하는 것 자체만으로는 큰 효과가 없다. 아무리 금융기관장들이 그 지시를 받아들여 각 기관에 돌아가서 지시를 하더라도 정책 당국의 지시는 제대로 시행되기 어렵다. 왜냐하면 대출금 회수를 담당하는 직원의 입장에서는 당장 회수를 안 한 대출금이 나중에 부실이 된다면 자신이 책임을 져야 하기 때문이다. 대출 심사를 하는 직원의 입장에서는 자신의 결정이 자기가 따라야 하는 규정과 일치해야 사후에 책임을 면할 수 있으므로 대출 심사에 사용해야 하는 규정이 경기의 변화에 따라 조정이 되지 않는 한 윗사람의 구두지시에 따라 대출금 회수를 유예시켜 줄 유인이 없다. 만일 경기 변동에 따라 대출 심사에 적용되는 규정이나 신용등급의 기준 같은 정책변수를 정책 당국이 조정해 준다면 대출 담당 직원들은 주어진 심사기준에 따라 자발적으로 대출유예를 실행하게 되므로 애초에 금융기관장들을 불러 모을 필요조차 없다.

경제 정책의 적정성은 시대와 상황에 따라 달라진다. 한 예로 FTA 같은 대외협력은 경제발전 초기에서는 별로 도움이 안 되고 심지어 국내 시장을 외부에 노출시켜 우리나라 기업의 발전을 저해할 수 있다. 그렇지만 상당히 발달된 기술력을 가진 현재의 우리나라는 이런 대외협력으로부터 많은 혜택을 누릴 수 있는 능력이 있으므로 대외협력의 적극적 추진은 매우 바람직하다. 또한 경제문제를 이념적으로 접근하여 논쟁에 몰두하는 것은 쓸데없다. 얼마 전 글로벌 금융위기로 인해 신자유주의가 붕괴했고, 그래서 대외협력은 유해하다 주장하고 경제문제를 이념적으로 접근하는 것은 보다 잘 살려는 경제주체들의 생존과는 무관한 이야기다. 새로운 대통령은 유연한 정치 과정을 통해 국민들의 경제 운용 방향에 대한 선호를 잘 모으고 이를 집행하기 위해 정책당사자들의 유인구조를 반영한 정책을 수립해 집행하기 바란다.

일자리 대책은 덴마크식 노사타협 모델을 적용해야

변양규 한국경제연구원 거시정책연구실장

새 대통령에게 일자리 창출은 정책적 선택이 아니라 필연적인 과제가 되었다. MB정부는 다양한 정책을 개발해 일자리를 확충하는 데 최선을 다했다. 하지만 여전히 모자라는 것이 바로 일자리다. 필자는 이처럼 일자리가 지속적으로 부족한 이유가 효과적인 정책이 부족하기보다는 일자리 창출에 대한 인식 전환이 부족해 발생하는 문제라고 믿고 있다. 이런 관점에서 새 대통령에게 두 가지 측면에서 인식 전환을 주도해 달라고 주문하고 싶다.

첫째는 근로자의 보호와 노동시장의 유연성 확보는 병존할 수 없는 개념이 아니라 오히려 상호보완적인 개념이라는 인식의 전환이다. 그리고 둘째로는 서비스산업은 더 이상 국내시장을 두고 우리끼리 다투는 내수산업이 아니라는 인식의 전환이다. 두 가지 인식의 전환에 대해 살펴보도록 하자.

근로자보호는 다양한 방법을 통해 달성될 수 있다. 하지만 지금까지 우리는 근로자보호가 엄격한 고용보호 즉, 단순히 해고를 어렵게 만들면 달성된다고 생각했다. 따라서 엄격한 고용보호를 통해 달성되는 노동시장의 안정성과 노동의 사용을 보다 자유롭게 허용해서 달성되는 노동시장의 유연성은 서로 양립하기 어려운 개념으로 인식되었다. 하지만 이 경우 노동시장의 안정성은 직업의 안정성(Job Security)을 의미한다. 즉, 특정 일자리에서 해고될 가능성이 낮은 것을 뜻한다. 이처럼 노동시장 안정성을 직업 안정성으로 해석할 경우 노동시장 안정성은 고용보호만을 통해 달성할 수 있는 것으로 이해된다. 또한 안정성과 유연성은 상호병존할 수 없는 개념으로 인식된다. 따라서 우리는 그간 노동시장의 안정성을 높이기 위해서는 일자리 창출을 어느 정도 포기해야 하는 것으로 생각했다. 그러나 이는 잘

못된 것이다.

노동시장의 유연성과 안정성 모두를 달성한 덴마크의 경우를 보자. 덴마크는 기본적으로 노사 간 대타협 전통이 강하다. 이러한 전통은 1899년 이루어진 노사 간의 '9월 대타협(September Compromises)'에 근간을 두고 있다. 이는 기본적으로 사용자의 경제적 이익과 근로자의 사회적 보호가 반드시 상호모순될 필요는 없다는 신념에서 출발했다. 이러한 신념을 바탕으로 노동조합은 고용과 해고의 자유를 보장하는 노동시장의 유연성을 수용했고, 기업은 자유로운 고용 및 해고를 바탕으로 보다 많은 일자리를 만들고, 동시에 해고된 근로자의 재취업을 위한 훈련에 보다 많은 투자를 하게 되었다. 그런데 이러한 대타협 전통이 지속될 수 있었던 것은 정부 역시 동일한 신념을 가지고 실업자의 구직활동을 적극적으로 도왔기 때문이다.

덴마크처럼 노동시장 안정성을 현재의 일자리를 지키는 직업 안정성(Job Security)이 아니라 비록 해고가 되더라도 빠른 시일 내에 새로운 일자리를 찾을 수 있는 고용 안정성(Employment Security) 개념으로 인식하게 되면 노동사용에 대한 각종 제한을 획기적으로 완화하면서 동시에 사회적 안전망 및 직업훈련을 강조해 노동시장 유연성과 안정성을 모두 제고, 일자리 창출을 이루어내는 소위 유연안정성(Flexicurity) 달성이 가능해진다.

새 대통령에게 바라는 두 번째 인식의 전환은 서비스업에 관한 것이다. 서비스업은 생산과 소비가 한 곳에서 동시에 이루어지기 때문에 서비스를 제공하는 사람과 서비스를 공급받는 사람이 한 곳에서 만나야 하는 특징을 지닌다. 따라서 대규모 시장이 근접해 있으면 서비스업의 일자리 창출을 위한 여건은 충족되었다고 볼 수 있다.

그런데 우리나라의 사정은 어떠한가? 2012년 1,000만 명을 돌파한 외국인 관광객 중 약 300만 명이 중국인이라고 한다. 매년 300만 명의 중국인이 우리나라에 온다면 중국인 모두가 우리나라에 한 번씩 오는 데만 400년이 넘게 걸린다. 정말로 큰 시장이 아닐 수 없다. 뿐만 아니라 우리나라에서 비행기로 2시간 이내 거리에 인구 100만 명 이상의 도시가 40여 개나 있고 총 2억 명의 소비자가 거주하고 있다. 더 이상 서비스산업의 시장을 국내로 한정하지 말고 우리의 눈을 넓혀 세계로 확대해야 할 시점이다.

우리는 아직 서비스산업은 내수산업이라는 편협한 사고에서 벗어나지 못하고 있다. 일단 서비스산업을 내수산업으로 인식하게 되면 한정된 국내시장을 선점하기 위해 이해관계자들이 치열한 공방을 할 수밖에 없다. 내 시장을 넓히기 위해서는 남의 시장을 빼앗아야 하는 것이다. 택시를 대중교통으로 간주하는 '대중교통의 육성 및 이용촉진에 관한 법률' 개정을 두고 택시업계와 버스업계가 힘겨루기를 하는 것이나, 안전상비의약품의 편의점 판매를 두고 약국과 편의점이 서로 다투었던 것 모두가 제한된 내수시장을 두고 밥그릇 챙기기에 급급했던 우리의 모습이다. 여기에 정부는 부처 간 이견도 조율하지 못한 채 우왕좌왕하는 모습만 보였다. 정치인들은 표를 의식해 아예 입을 닫아 버리는 경우도 허다했다. 서비스산업은 이제 더 이상 내수산업이 아니다. 안전상비의약품의 편의점 판매를 허용하는 데 5년 이상 걸린 우리에게 세계 최대의 시장을 선점할 수 있는 시간은 그리 많이 남지 않았다. 수천만 명의 외국 관광객이 우리나라를 찾고 수백만 명의 외국인 환자들이 우리나라 병원에서 치료 받는 모습에 바로 우리나라 일자리의 미래가 있다. 이제는 대증요법적 일자리 창출 정책보다는 우리의 인식을 전환하는 노력이 우선되어야 한다.

대기업 끌어내리기가 아니라 중소기업 끌어올리기가 더 중요

신현한 연세대 교수

차기 대통령은 소득불균형을 해소하기 위해 무엇보다도 먼저 일자리 창출에 모든 정책의 초점을 맞춰야 한다. 일자리라고 해서 모두 같은 일자리는 아니다. 중소기업에서는 여전히 구직

난이 있는 반면에 공무원 채용에는 몇 백대 일의 경쟁률이 보여주듯이 20~30대 청년층이 선호하는 일자리가 있다. 공무원이라는 직업의 특성을 살펴보면 소득은 그렇게 많지 않지만 직장이 갑자기 없어지거나 40대 때 갑작스런 구조조정으로 일자리를 잃을 염려는 없다. 1997년 외환위기 때 갑자기 실직을 하게 된 집안 어른이나 친척을 보고 자란 세대가 무엇보다 안정적인 직장을 선호하는 것에 대해 뭐라고 나무랄 수만은 없다. 이처럼 외환위기는 온 국민에게 경제적 트라우마를 안겨주었다.

1990년대까지만 해도 평생직장이라는 개념이 있었다. 기업이 좀 덜 벌더라도 임직원을 함부로 해고하는 것은 도덕적으로 옳지 않은 일이었다. 하지만 외환위기를 격은 후, 자본시장 개방과 소액주주 요구로 기업의 노동생산성과 경영성과 등이 도마 위에 올랐다. 기업은 노동생산성과 경영성과를 높여 자본시장의 요구에 부응하기 위해 구조조정을 강행했다. 직원을 해고했고, 비정규직이라는 새로운 일자리를 만들었으며, 임직원은 거래처의 이익을 쥐어짜 자사의 이익을 극대화하려고 노력하게 되었다. 덕분에 기업의 생산성과 주가가 올라갔고 1인당 국민소득도 올라갔으나, 일자리 없는 성장이라는 기형의 경제구조가 탄생했다.

대학 졸업을 앞두고 있는 학생들에게 졸업 후 취업하고 싶은 직장을 물어보면 대부분 대기업을 말한다. 물론 공무원 또는 그와 유사한 일자리가 우선순위이지만 들어가기가 어렵거나 본인의 가정형편상 연봉이 좀 더 높았으면 하는 경우에 대기업을 선호하는 것 같다. 차기 대통령은 대기업에 취업하기 원하는 청년층의 욕구를 충족시키기 위해 대기업의 일자리 창출에 더욱 힘써야 할 것이다. 또한 기존의 대기업뿐만 아니라 중소·중견기업의 대기업화를 추진해야 할 것이다.

새 대통령은 중소기업 육성 정책을 중소기업의 대기업화로 중소기업의 체질을 개선했으면 한다. 요즘에는 많은 중소기업들이 여러 개의 기업으로 쪼개져 있다. 이들이 합쳐지면 외형상 대기업이 됨에도 불구하고 중소기업에게 주어지는 160가지에 달하는 혜택을 포기하지 못하고 나눠져 있는 것이다. 따라서 일몰제 같이 중소기업에게 주어지는 혜택에 시한을 두고 계속해서 중소기업으로 남아 있기를 선택한 기업에게는 더 이상 혜택을 주지 않는 제도와 함께 중소기업에서 대기업으로 성장한 기업에게는 일정기간 중소기업에게 주던 혜택을 유지해 줄 필요가 있다.

중소기업이 대기업보다 많은 일자리를 제공한다는 사실은 잘 알려져 있다. 하지만 중소기업이라는 특성, 즉 불확실한 미래 때문에 중소기업은 청년층이 선호하는 일자리가 되지 못한다. 따라서 중소기업도 기업 공개와 사업 다각화 등을 통해 자본을 확충하고 현금 흐름을 안정화시킬 필요가 있다. 차기 대통령은 1960년대와 마찬가지로 기업을 공개하는 기업에게 세제 혜택을 주는 등 성장에 인센티브를 주고, 사업 다각화를 장려하는 제도를 마련, 청년층이 선호하는 안정적인 일자리를 창출해야 한다.

새 대통령은 우리나라에 필요한 정책은 대기업 끌어내리기가 아니라 중소기업 끌어올리기임을 반드시 알기 바란다. 중소기업 끌어올리기 정책으로 더욱 더 많은 20~30대 청년들이 안정적인 일자리를 갖게 될 때 그들이 결혼도 일찍 할 수 있게 되고 출산도 더 할 수 있어 고령화사회 진입 속도를 늦출 수 있을 것이다. 중소기업 끌어올리기 정책은 안정적인 일자리가 부족하기 때문에 발생한 소득불균형과 그에 따른 사회에 대한 불만도 해결할 수 있다. 안정적인 일자리가 많아지면 복지 포퓰리즘 정책도 필요 없게 된다.

한 가지 짚고 넘어갈 문제는 대다수의 학자나 경제인들이 이런 망국병의 조짐을 아무리 이야기해도 대중과 정치권은 이를 귀담아 듣지 않는다는 것이다. 미국에서도, 그리스에서도 과도한 복지 정책이 그들의 후손들에게 엄청난 짐을 지우리라는 것을 지적한 사람은 무수히 많았다. 금융위기가 터지자 여기 저기서 그에 대한 조짐을 예측했던 사람들이 나타났다. 그들은 과거부터 그러한 문제점을 지적했다고 한다. 그러나 아무도 귀를 기울이지 않았던 것이다.

그렇다면 지금 당면한 우리의 문제를 어떻게 해결할 수 있을까? 어떻게 하면 무분별한 복지가 아닌 적절한 복지를 추구해 미래의 세대에게 죄를 짓지 않을 수 있을까? 이를 위하여 복지정책이 나오게 된 배경에 대해 정확한 이해가 필요하다.

최근의 금융위기를 진단한 경제학자들은 포퓰리즘적인 복지정책은 소득불균형에 대한 정치권의 대응이었다는 데 대부분 동의한다. 미국과 유럽에서 장기간에 걸쳐서 일어난 소득불균형에 대해 불만을 갖게 된 저소득층을 달래기 위해 정치권은 어느 정당을 불문하고 정부의 재정적자를 감수하고라도 부동산 대출과 복지를 지원한 것이었다.

과거에도 소득불균형이 심각해진 때가 있었다. 그때마다 정치권은 소득불균형 때문에 불만이 생긴 중산층과 서민들을 달래기 위해 복지 정책을 내놓을 수밖에 없었다. 20세기 초 대공황을 전후해 몰락하는 농업인들의 불만을 달래기 위해 신용대출을 확대했던 미국의 경험이 그 예다. 또 제2차 세계대전 이후 획기적인 복지제도를 만들어 낸 유럽의 경험도 이를 뒷받침한다.

각국이 이와 같이 소득불균형 문제로 발생한 저소득층의 불만을 달래기 위해 노력한 이유는 소득불균형으로 인한 사회문제가 크기 때문이다. 영국의 사회학자 리처드 윌킨슨(Richard Wilkinson)은 소득불균형이 큰 국가일수록 다양한 사회문제가 발생한다는 것을 여러 가지 측면에서 보여 주었다. 건강, 수명, 행복, 정신병, 자살, 폭력, 범죄 등의 여러 가지 사회문제가 GNP보다는 소득불균형과 더 밀접한 관계가 있다는 것이다. 2000년대 이후 한국의 소득불균형도 점차 심화되고 있다. 따라서 복지를 추구하는 정치권을 무조건 탓하기보다는 어떻게 함께 소득불균형 문제를 해결할까 머리를 맞대고 함께 고민해야 한다.

금융산업을 새로운 성장산업으로 키워야

오정근 고려대 교수

우리 경제는 대내외적으로 전례 없는 중요한 도전에 직면해 있다. 대외적으로는 미국발 글로벌 금융위기와 유럽 재정위기가 아직 진행 중이다. 중국 경제도 30년의 고도성장 끝에 구조조정 단계에 들어서고 있다. 그만큼 대외 여건이 어렵고 이러한 여건은 당분간 더 지속될 것이다. 이는 대외의존도가 높은 한국 경제에 큰 시련을 안겨 줄 것이다. 따라서 새로운 수출전략과 성장패러다임을 요구하고 있다.

이러한 대내외 도전에 대한 문제 인식을 토대로 분야별 주요 과제를 살펴보면 다음과 같다. 첫째, 일자리 창출을 가장 중요한 과제로 추진해 주기 바란다. 우리나라 경제활동인구 2,579만 명 중 직업이 안정적인 상용근로자는 1,130만 명으로 고작 44%에 불과하다. 나머지는 저임금의 임시직 일용직과 소득이 불안정한 자영업자다. 이것이 소득분배불균형과 양극화, 중산층 붕괴의 원인이다. 안정적인 일자리가 소득분배불균형과 양극화를 해소하고 중산층을 복원하는 길이다. 특히 구직단념자까지 포함하면 무려 70여 만 명에 이르는 청년실업자들이 일자리 중에서도 괜찮은 일자리를 구하고자 스펙을 쌓으면서 대기하고 있다. 중소기업 외국인취업자가 80만 명인데, 청년실업자 70만 명이 이를 방증하고 있다. 자녀 하나 아니면 둘 키워서 반듯한 일자리 하나 갖고 어깨 펴고 다니는 모습 보는 것이 대한민국 부모들 모두의 꿈이요, 행복이라는 점을 생각해 주기 바란다.

둘째, 기업투자 활성화를 위해 전력투구해 주기를 바란다. 이는 일자리 창출과 관련된 과제다. 청년들이 원하는 괜찮은 일자리는 공직, 공기업, 금융기관, 대기업, 전문직 등이다. 이 가운데 공직을 통해 일자리를 늘려온 결과가 바로 그리스다. 이는 세금을 쓰는 일자리로 종국에는 재정 부담으로 지속불가능하다. 공기업도 부채규모가 286개 중앙공기업이 464조 원, 137개

지방공기업 46조 원 등 510조 원으로 국가부채보다 많다. 이 가운데 방만한 경영으로 대책 없이 늘어나고 있어 구조조정의 대상이지 자리를 늘릴 수 있는 실정이 아니다.

반면 대기업 일자리는 세금을 내는 일자리다. 1986년에만 해도 1,255개였던 고용 300인 이상 대기업 수는 현재 650여 개로 자꾸 줄어들고 해외투자는 증가하고 있다. 미국·일본·유럽 등 많은 국가들이 장기 저성장시대를 맞아 국내의 괜찮은 일자리 창출을 위해 법인세 감면 등 해외 진출 자국 기업들의 국내 유턴정책을 대대적으로 추진하고 있다. 한국도 해외 진출 기업들의 국내 유턴은 물론 국내 대기업들의 투자활성화를 위한 획기적인 규제완화와 지원을 통해 세금 내는 양질의 일자리 창출로 청년실업문제를 해결해 주기를 바란다.

셋째, 대기업 투자활성화를 추진한다고 해서 경제민주화를 소홀히 한다는 의미는 아니다. 흔히 문제가 되고 있는 재벌총수의 독단적 경영과 하청업체와의 불공정거래는 공정거래질서 강화를 통해 해소하고 여전히 미흡한 지배구조는 개선해 나가되, 급속한 순환출자 해소 등 과도한 대기업 때리기로 그렇지 않아도 위축되고 있는 투자와 성장잠재력 자체가 훼손되지 않도록 글로벌 경쟁에 노출되어 있는 대기업들의 현실적 여건도 유념해 주기를 바란다.

넷째, 첨단기술 집약 제조업과 지식기반 고부가가치 서비스업 육성을 새로운 산업 정책으로 추진해 주기를 바란다. 1988년을 정점으로 GDP에서 차지하는 제조업 비중은 정체하고 있다. 반면 서비스업은 고부가가치화 되지 못함으로써 성장과 소득 증가가 둔화되고 있다. 현재 2만 3,000달러 정도인 1인당 국민소득이 4~5만 달러대의 선진국이 된다는 것은 임금도 그만큼 오른다는 것이다. 임금상승에도 글로벌시장에서 경쟁력을 유지할 수 있는 산업은 첨단기술 집약 제조업과 지식기반 고부가가치 서비스업이다. 그런데 금융·의료·교육·문화·관광·레포츠 등 고부가가치 서비스업은 정부의 규제와 낙하산 인사가 극심한 분야다. 이들 분야가 새로운 성장동력으로 거듭날 수 있도록 획기적인 규제완화를 추진해 주기를 바란다.

다섯째, 관치금융 청산을 위해 노력해 주기를 바란다. 경제개발 초기 내외자금 마련이 어려운 여건에서 제한된 자원을 필요한 분야에 효과적으로 배분하기 위해 정부의 금융개입이 필요하기도 했다. 그러나 경제규모가 커지면서 금융의 자율적인 중개기능에 의해 자원이 배분되도록 금융구조를 전환했어야 함에도 불구하고 관치가 지속됨으로써 금융위기를 초래했다.

최근 들어 다시 신관치가 기승을 부리고 있다. 한국이 동아시아의 금융허브가 되지 못하고 금융의 삼성전자가 탄생되지 못하면서 저축은행사태 같은 금융사고가 빈발하는 근본 원인이 여기에 있다. 금융위기 재발을 방지하기 위해 필요한 건전성 규제는 강화하되, 금융의 자율성은 존중함으로써 금융산업을 새로운 성장동력산업으로 육성해야 한다. 그러기 위해서는 정부가 금융감독을 지도·감독하는 현행 금융감독체계를 감독의 독립성과 전문성이 보장되도록 개편해 주기를 바란다.

일본처럼 해외자산 투자 늘려 외환시장 안정시켜야

김태준 동덕여대 교수

세계 경제는 바야흐로 뉴노멀시대로 들어서고 있다. 일본 경제와 같이 저금리·저성장 기조하에서 디플레이션이 우려되는 상황이 올 가능성이 높다. 이런 현상을 야기하는 요인으로는 무엇보다도 선진국의 고령화 진전 및 과잉부채에 대한 디레버리징, 그리고 자산가치의 하락에 따른 유효수요의 부진을 지적할 수 있다. 그리고 EU의 구조적 어려움으로 인한 저성장 지속 또한 세계 경제를 저성장 뉴노멀시대로 이끄는 주요 요인 중 하나다. 비록 중국, 인도 등과 같은 브릭스 국가들의 성장이 선진국의 어려움을 일부 상쇄할 수는 있겠지만 전 세계 GDP의 65% 이상을 차지하는 선진국 경제를 대체하기에는 역부족이다.

세계 경제의 유효수요 하락 및 디플레이션 위험하에서 새 대통령은 수출의 성장기여도가 매우 높은 한국 경제가 어떻게 중장기적 성장동력을 확보할 것인가에 대해 가장 먼저 고민해야할 것이다. 1980년 중반 IT 산업의 기반이 되는 기본통신인프라에 대한 집중 투자로 오늘날 한국 경제는 IT강국으로 우뚝 서게 되었다. 또 IT 관련 통신기기 수출이 우리 경제의 중심축 역할을 하고 있다. 앞으로 예상되는 새로운 국제경제환경 질서하에서 우리 경제의 비교우위를 감안해서 미래 우리 경제의 먹거리가 무엇이 되어야 하는지를 면밀히 검토해야 한다.

세계 경제의 수요가 확대될 것으로 예상되는 분야로는 고령화에 따른 의료 및 생명공학 분야, 지구환경보호와 관련된 환경 및 바이오 분야, 화석에너지 고갈에 따른 신재생에너지 분야, 그리고 세계화와 SNS 확산에 따른 문화콘텐츠 분야 등이 있다. 이 분야의 산업은 장치산업이기보다는 지식집약적 산업이다. 또 초기 투자의 위험요소가 매우 크다는 특징이 있다. 우리 경제의 핵심 과제인 일자리 창출문제도 결국 미래 성장동력을 어떻게 확보하느냐에 달려 있다.

새 정부가 추진해야 할 또 다른 핵심 과제는 한국 경제의 기초경제여건을 보다 안정적으로 유지하고 위험관리 능력을 제고하는 것이다. 대한민국은 2008년 이후 글로벌 금융위기 기간 OECD 국가 중 유일하게 국가신용등급이 상승한 국가다. 그러

나 원화가 국제적으로 교환성이 없기 때문에 항상 외환유동성
위기에 노출되어 있다. 기초경제여건이 튼튼하다고 해도 세계
경제여건의 변화와 투자자들의 자기실현적(Self-Fulfilling) 예
상 및 집단행동(Herd Behavior)으로 인해 급작스럽게 자본이
유출되고 이로 인해 외환유동성 위기가 돌출될 수 있다. 한편
국내경기 활성화와 일자리 창출을 위한 내수 확대는 국제수지
측면에서는 경상수지의 적자를 초래할 수도 있다. 경상수지 흑
자는 해외자본에 대한 의존 없이 안정적으로 외환을 확보할 수
있는 유일한 방안이다.

따라서 거시 경제 안정을 위해서는 적절한 수준의 경상수지
흑자가 요구된다. 급작스런 외국자본의 유출입을 억제하기 위
한 자본 유입에 대한 규제는 일시적으로 억제효과를 가질 수 있
지만 장기적인 효과를 기대하기는 어렵다. 해외자본의 유출입
에 따른 원화환율의 변동성을 줄이고 경상수지 흑자 기조를 유
지하기 위해서는 무엇보다도 해외자산에 대한 투자를 확대해
야 한다. 일본의 경우 비록 무역수지가 엄청난 적자를 기록하고
있지만 해외에 투자된 자산으로부터의 배당금, 이자 등으로 경
상수지는 흑자를 유지하고 있다.

반면 우리나라의 경우 현재 해외순채권국이지만 해외순자산
이 마이너스이기 때문에 해외자산순소득은 적자를 기록하고

있다. 따라서 국내에 유입되는 해외자본을 해외자산 투자로 전환될 수 있도록 국내 금융기관과 기관투자자들의 해외투자 및 진출을 적극 유도하는 방안이 추진되어야 한다.

거시 경제의 안정을 유지하기 위해서 요구되는 또 다른 사항은 우리 경제의 부채관리다. 이중에서 가장 시급한 사항은 가계부채의 연착륙이다. 소득의 추가 증대 없이 가계부채를 연착륙시키기 위해서는 결국 소비 억제를 통한 저축 증대만이 답이다. 그러나 이럴 경우 내수가 위축되고 부채의 실질적 부담이 가중된다. 따라서 무엇보다도 먼저 가계부채에 대한 소득분위별 미시적 정보를 취합해서 전체 가계의 부채구조를 파악한 후, 유동성 지원과 구조적 조정 여부를 결정해야 한다. 극빈 저소득층에 대해서는 사회복지적 차원에서 부채감면 및 이자부담 완화 등이 필요하다. 동시에 금융기관이 보유하고 있는 부실가계부채에 대한 유동화 및 배드뱅크 설립 등이 추진되어야 한다.

마지막으로 새 정부는 공정한 사회·경제시스템을 확보해야 한다. 우리 사회의 화두인 경제민주화나 검찰개혁, 그리고 정치개혁 모두 우리 사회에 공정하게 룰이 적용될 수 있는 법과 관행과 제도를 확립하자는 것으로 이해할 수 있다. 공정하게 룰이 적용되고 있다는 인식이 우리 사회에서 공유될 때 사회적·경제적 상승을 위한 인센티브가 작동할 수 있다. 또 젊은이들에게

공평한 기회가 주어질 수 있다. 공정한 룰을 확립하기 위해서는 무엇보다도 우리 사회 전반에 걸친 부정부패를 척결해야 한다. 아직도 우리나라는 부패국가순위가 경제발전 정도에 비해 매우 높은 수준에 있다. 앞으로 다가올 세계 경제의 어려움에 직면해서 우리 경제가 이를 극복하기 위해서는 무엇보다도 우리 사회 모든 주체들의 공정한 고통분담과 책임분담이 요구된다. 이를 위해서는 새 정부가 국민으로부터 신뢰를 확보하고, 그 신뢰에 기초해서 국민 소통과 화합, 그리고 대타협을 이루어야 할 것이다.

신 북방협력 통해 성장동력 확충해야

김흥종 대외경제정책연구원 연구조정실장

유럽 재정위기 등으로 강력한 반등세를 보여주지 못한 세계 경제는 2013년에도 2012년과 크게 다르지 않을 것이라는 우울한 전망이 팽배해 있다. 2014년 이후에도 선진경제권의 침체와 세계 경제의 불확실성이 해소되지 않고 있다. 가장 낙관적으로 보더라도 선진국의 완만한 회복세 속에서 신흥개도국의 불안정한 경제성장만으로 세계 경제의 회복을 주도하기 어려울 것으로 예상된다.

이런 상황에서 글로벌 통상규범의 약화, 보호무역주의의 득세, 자원 확보 경쟁의 격화, 지역통상 이슈의 대두로 인한 주변국과의 갈등 고조 등 어려운 과제가 대두될 것이다. 새 대통령은 앞으로 5년간 이렇게 호락호락하지 않은 대외경제환경 속에서 한국 경제를 이끌어 나가야 하는 상황에 놓여 있다.

무엇보다도 현재 우리에게 필요한 것은 개방되고 지속가능하며 경쟁력 있는 한국 경제 완성을 위한 대외통상구조를 확립하는 것이다. 이를 위해서는 변화하는 세계경제환경에 능동적·선제적으로 준비하는 정책 줄기를 마련해야 한다.

이러한 차원에서 본다면, 아시아·태평양시대의 본격적인 부상에 맞춰 대외적으로 새로운 통상네트워크를 구축하고 대내적으로 대외 경제 대응역량을 강화하여 글로벌 강중국가의 비전을 달성하는 것이 대외 경제 정책의 핵심목표가 되어야 할 것이다. 이를 위해서는 다음과 같은 몇 가지 핵심 과제에 역량을 집중해야 할 것으로 판단된다.

첫째, 새로운 성장동력을 확보하고 동북아시아 지역의 안보상황을 개선시키기 위한 신북방협력에 노력을 기울여야 할 것이다. 여기에는 남북한 경협 확대를 통한 상생의 남북협력구조를 만드는 것 외에도 극동러시아, 중국, 일본과의 통상협력 구축도 중요한 요소로 작용한다. 북한 및 극동러시아와의 경협 확대로 북방교역과 투자 확대를 꾀함으로써 협력의 틀을 강화 할 뿐만 아니라, 한·중 FTA와 한·중·일 FTA 등 기존에 추진하고 있는 지역통상 네트워크의 구축도 북방협력의 틀 속에서 재조명할 필요가 있다. 남북경협의 문제도 한반도 내부에 국한시키지 말고 주변국으로 시야를 확대함으로써 주변국들이 모두 윈윈하는 협력의 틀을 마련하는 것이 안정적인 협력관계의 지속을 위해서 유리할 것이다. 또한 북극항로의 개척에도 관심을 기울여야 한다.

둘째, 대내적으로 볼 때 개방의 효과를 국민들이 체감하는 구조를 확립하는 데 힘을 쏟아야 한다. 지난 10여 년간 우리는 다자간 무역협상의 부진 속에서도 양자 간 FTA를 적극적으로 추진해 글로벌 통상국가로서의 면모를 확립하기 위하여 노력해왔다. 이제 동아시아에서 새로운 통상 네트워크를 구축하기 위해 힘쓰는 것과 동시에 개방의 국내 전달효과를 극대화할 수 있는 경제구조를 만드는 데 힘을 기울여야 한다. 과거 수출을 통한 경제성장에 주력했던 시기부터 지속되어 온, 수출보다 상대적으로 덜 선진화된 수입구조를 뜯어 고쳐 투명성 제고 및 경쟁을 통한 효율성 제고가 절실하게 필요한 시점이다. 경쟁의 룰을 보다 엄격하게 적용하고 소비자주권도 더 강화해야 개방의 혜택이 더 널리 확산된다.

셋째, 외부 충격에 대한 대응성을 높이기 위해서 외환시장의 안정화와 역내금융협력에 힘을 쏟아야 한다. 하지만 대외충격에 대한 대응성 강화는 반드시 금융시장에만 국한되는 것은 아니다. 한국을 포함한 동아시아 경제는 최종재시장을 키움으로써 동아시아 가치사슬구조에 의한 국제분업체계에서 어느 정도 탈피해야 외부 충격에서 좀 더 자유로워질 수 있다. '세계의 공장'이 동아시아 경제발전의 원동력이었지만, '세계의 시장'으로 변화하는 것이 보다 안정적이고 자기완결적인 지역 경제의 구축을 위해 필요하다. 이를 위한 지역 경제협력에 주력해야 한다.

넷째, 통합적인 개발협력체계를 구축하는 데 힘을 쏟아야 한다. 이미 지난 정부는 OECD 국제개발원조위원회에 가입하고 2015년, ODA를 GDP의 0.25%까지 확대하겠다고 국제사회에 약속했다. 이에 따라 지난 5년간 개발원조가 양적으로 급격하게 증가하는 가운데 개발원조의 책임성을 강화하고 그 효과를 극대화하는 것이 과제로 대두되고 있다. 우리나라의 존재감을 국제사회에 각인시키고 우리 교역의 70%를 점하는 개도국과의 협력을 강화하는 차원에서 개발협력체계와 절차의 정비는 더 이상 미룰 수 없는 과제로 부상하고 있다.

더 이상 노동력 투입에 의해 경제성장을 할 수 없는 상황에서, 더 이상 지속적인 고도성장이 어려운 현실에서, 더 이상 국제사회에서 개도국 지위를 인정받을 수 없는 상황에서, 중국·일본·인도·아세안 등 거대 경제권이 몰려 있는 동아시아에서 한국이 존재감을 확인하고, 지속적인 경제성장을 이룩하며, 주변 국들과 공동번영을 이루고, 국제사회에서 도덕적 우위를 지니기 위해서는 개방되고 지속가능하며 경쟁력 있는 한국 경제를 완성해 나가는 것이 지상목표가 된다. 새 대통령이 해결해야 할 가장 중요한 과제이다.

금융·서비스업 경쟁력 높여 국부유출 막아야

김정식 연세대 교수

경기 침체가 지속되면서 많은 국민들이 고통을 당하고 있다. 국민들이 새 대통령에게 거는 기대는 매우 크다. 새 대통령이 우리의 어려운 경제상황을 해결해 주기를 바라고 있기 때문이다. 가장 시급한 과제는 일자리를 창출하는 것이다. 경기 침체가 지속되면서 일자리가 늘어나지 않을 경우 우리 경제는 가계부채가 부실화되는 등 그동안 내재되어 있던 경기 침체의 부작용이 나타나면서 경제위기를 겪을 가능성이 높다. 일자리를 창출하기 위해서는 먼저 일자리의 88%를 차지하는 중소기업에서 일자리가 마련되도록 해야 한다. 중소기업 일자리를 창출하기 위해서는 대기업과 중소기업의 불공정한 거래제도도 개선되어야 하지만 정부는 중소기업 기술개발을 적극적으로 지원해 기술경쟁력을 높이도록 해야 한다.

우리 산업구조 변화에 적합한 고용 정책을 적용해야 한다. 산업구조는 서비스와 지식집약적 산업구조로 변했는데 과거와 같은 인력양성으로는 구조적 실업이 늘어날 수밖에 없다. 산업구조에 맞게 인력양성계획을 수정해야 하며 직업훈련을 통해 실업을 줄이도록 해야 한다. 또한 금융과 서비스업의 경쟁력을 높여 일자리가 창출되도록 해야 한다. 금융업의 경우 전문 인력을 양성하여 경쟁력을 높여야 고용이 늘어날 수 있으며 서비스업도 개방과 경쟁을 통해 산업의 경쟁력을 높여야 내국인의 해외 서비스 수요를 국내 수요로 전환시킬 수 있으며 서비스업의 해외수출도 늘일 수 있어 고용이 확대된다.

다음으로 가계부채의 경착륙을 막아야 한다. 서민과 저신용자들을 금리가 낮은 제도권 금융으로 끌어들이는 제도적 보완이 필요하며 일반 대출자에게도 금리를 낮추어 연체율을 줄이도록 해야 한다. 급격한 부동산 가격하락을 막기 위해서는 거래 활성화를 위해 양도소득세를 비롯한 거래세를 대폭 낮출 필요가 있다.

대외적으로는 경상수지 흑자폭을 유지해 국가신뢰도를 유지하도록 해야 한다. 내수를 부양시키기 위해 확대재정, 금융 정책과 환율을 내리는 정책을 사용할 경우 수출 감소와 수입 증가로 경상수지가 악화되어 그동안 유입된 자본이 유출될 가능성이 있다. 최악의 경우 외환위기를 겪을 수 있다. 따라서 환율을 적정수준으로 유지하고 과도한 자본이 유입되지 않도록 관리해서 경상수지 흑자폭을 유지하면서 대외신뢰도를 쌓아야 한다. 우리는 4,000억 달러의 외채를 가지고 있고 외채이자만도 연간 160억 달러 이상 지불해야 한다. 이러한 점에서 2013년 경상수지 흑자폭이 최소한 200억 달러를 넘도록 환율을 관리해야 한다.

마지막으로 분배를 중요시하면서 동시에 잠재성장률을 높일 수 있는 성장전략을 수립해야 한다. 과학기술인재를 우대하는 정책을 시행해 이 분야에 우수한 인재가 모일 수 있도록 해서 우리 산업의 경쟁력을 높여야 한다. 또한 서비스와 금융업에서 경쟁력을 높여 국부가 창출되도록 할 필요가 있다. 자본자유화를 한 지금은 과거와 달리 무역에서는 국부가 창출되어도 금융과 서비스 부문에서 국부가 유출되면서 우리 경제는 저성장 국면으로 들어가게 되었다. 따라서 금융과 서비스업의 경쟁력을 높여 국부 유출을 막고 동시에 우리산업이 해외로 진출하여 국부를 창출하도록 해야 한다.

저성장기조가 정착되고 있는 우리 경제는 지금 전환점에 서 있다. 세계경기는 침체되면서 보호무역이 강화되고 있고 국내에서도 잠재성장률이 하락하고 있다. 변화의 시기에 기존의 경제의 패러다임에 안주해서는 우리 경제의 문제를 해결할 수 없다. 새 대통령은 일자리를 만들고 가계부채를 연착륙시키면서 경제를 살리기 위해서 기존의 경제 패러다임을 바꾸어 새로운 성장전략을 수립해야 한다. 이렇게 해야만 5년 뒤 경제를 살린 대통령으로 평가받을 수 있다.

기업 R&D, 엔젤펀드 투자혜택 늘려야

유병규 현대경제연구원 경제연구본부장

우리 경제가 안고 있는 가장 근본적인 문제는 성장 활력이 급속히 떨어지는 점이다. 성장 잠재력이 3% 내외로 하락한 상황에서 2012년 경제성장률은 이보다도 낮은 2%대 초반으로 추락하였다. 성장력 약화는 경제뿐만 아니라 다양한 정치 사회적 부작용을 발생시킨다. 우선 청년들에게 제공해 줄 좋은 일자리 창출을 힘들게 한다. 매년 국내 노동시장에 유입되는 신규 취업 대상 인력은 40만 명 정도 되는 것으로 추정된다. 국내 경제가 1% 성장으로 6만 명의 신규 노동력을 고용할 수 있다 해도, 최소한 5% 성장은 해야 이들을 어느 정도 흡수할 수 있게 된다. 다음으로는 서성장이 경쟁을 더욱 치열하게 만들고 소득 양극화 현상을 심화시키게 된다. 이는 서민 경제의 어려움을 가중시

커 정치·사회 갈등과 불안을 증폭시키는 요인으로 작용한다. 더 나아가 저성장의 악순환 함정에 빠질 가능성이 커진다. 저성장은 저소득→소득 양극화→저소비→저성장이라는 부(負)의 상승 작용을 일으킬 수 있기 때문이다. 저성장 기조가 지속된다면 빠르게 늘어나는 복지 재원 충당도 불가능해진다.

새 정부는 국내 경제 활성화와 일자리 증대 그리고 성장잠재력 확충을 위해 '투자 확대를 위한 5개년 종합 계획'을 수립하고 이를 실현하기 위한 정책들을 구체적으로 추진해야 한다.

첫째, 기업들의 투자를 가로막는 각종 규제와 장벽을 실제적으로 철폐해야 한다. 정부의 지속적인 규제 개선 정책 추진에도 불구하고 기업들의 규제 개선 체감도는 여전히 낮은 수준에 머물러 있다. 규제 개혁의 실효성을 높이기 위해서는 기업들의 투자 계획별 '맞춤형' 규제 개선 방안을 제도화해야 한다. 기업의 신규 사업 투자 계획 단계에서부터 정부와 기업이 함께 하는 협의체를 구성하고 여기에서 기업들의 투자 애로사항을 구체적으로 해결해 나가는 것이다.

둘째, 지역별로 기업이 주도하여 산업집적지를 형성해가는 말 그대로의 기업도시를 조성해야 한다. 가장 대표적인 성공 사례가 울산이다. 자동차, 조선, 석유화학산업이 밀집해 있는 울산은 산업과 대학 등이 어우러져 산업과 지역이 함께 발전함으로써 국내에서 소득이 가장 높은 곳이며 불경기가 없는 지역으로 발전했다. 중앙과 지방 정부가 협력하여 국내외 기업들이 자율적으로 산업집적지를 만들 수 있는 여건을 제공해 주는 것이다.

셋째, 외국인 투자를 끌어들일 수 있는 '들어오는 세계화'를 본격 추진해야 한다. 세계화는 국내 제품을 들고 해외 시장에 진출하는 '나가는 세계화'와 해외에서 투자와 소비자들을 유입하는 '들어오는 세계화'로 구분된다. 그동안 한국 경제는 제조업을 중심으로 나가는 세계화를 추진하여 세계 15위의 거대 경제국으로 발전하였다. 이제는 외국인 투자, 고급 전문 인력, 아시아 소비자들이 한국으로 몰려들게 하는 들어오는 세계화를 통해, 규제와 보호 속에서 경쟁력이 취약해진 국내 교육 및 의료서비스와 관광·레저서비스업을 획기적으로 발전시킬 수 있는 토양을 만들어야 한다. 이를 위해서는 외국인들이 선호할 수 있는 투자 여건과 주거 환경 그리고 외국인들과 더불어 살 수 있는 글로벌 문화 의식을 고양해 나가야 할 것이다.

넷째, 중소기업과 중견기업의 투자를 늘릴 수 있는 포괄적인 중소기업 투자 대책을 강구해야 한다. 이를 위해서는 먼저 중소기업과 중견기업들이 기업규모가 커지는 것을 두려워하는 '피터팬 증후군'이라는 심리적 위축감에서 벗어나도록 해야 한다. 중소기업의 설비 투자에 대한 세액공제제도를 기업규모와 상관없이 동일하게 적용해주는 한편 상속세 공제 상한선 등에 대한 기업규모별 차별도 해소해야 한다. 특히 중소·중견기업들의 투자 확대에 따르는 소요 인력을 손쉽게 확보할 수 있도록 중소기업 인력들에 대한 공동 교육이나 연수 프로그램 등을 개발하고 이를 지원해 주는 방안을 지역 내 대학 등과 협력하여 마련할 필요가 있다. 중소기업들이 입주한 산업단지의 편의시설을 신세대 취양에 맞게 개선하고 중소·중견기업의 장기근속 인력에 대해서는 국공립 교육기관 이용권을 제공하는 한편 세제와 금융상의 혜택 등도 검토해야 한다.

다섯째, 기업의 연구개발 투자가 지속적으로 늘어날 수 있는 환경을 만들어야 한다. 신재생에너지 등 신성장동력 확보를 위해서는 기업의 연구개발 투자가 결코 줄어서는 안 된다. 국내 기업들의 연구개발 투자규모는 미국이나 일본과 같은 선진국 기업들에 비해 훨씬 뒤떨어져 있다. 산업은행 등에서 대규모 투자기금을 마련하여 연구개발 투자에 대한 장기 저리자금 지원을 확대하는 한편, 적어도 연구개발에 대한 세액공제제도는 영구화할 필요가 있다. 이와 함께 벤처기업 등의 창업 투자를 활성화하기 위한 제도 개선도 서둘러야 한다. 국내 대학과 연구기관에서 개발한 특허기술들의 사업화가 원활히 이루어질 수 있도록 기술시장제도를 정착시켜야 하며, 엔젤펀드와 같은 창업

금융제도 역시 선진화해야 한다.

마지막으로, 기업인들의 사기를 드높여서 어떠한 경제적 어려움이라도 극복하고 새로운 부의 원천을 찾아낼 수 있도록 불굴의 창조적 기업가 정신을 되살려야 한다. 무엇보다 투자 관련 정책의 일관성을 유지하는 한편 인기영합적인 과도한 경제민주화 정책 추진 등으로 인해 투자 심리가 위축되거나 기업의 투자 자금이 비생산적으로 활용되지 않도록 유의해야 할 것이다. 한국 경제 발전에 대한 기업인들의 업적을 높이 평가하고 존중하는 사회 분위기를 조성하는 일 역시 기업가 정신 고양을 위해 반드시 추진해야 할 새 정부 정책 과제다.

부동산 활성화하려면 취득세 인하 제도화해야

김경환 서강대 교수

집권 초기 새 대통령은 어려운 거시 경제 여건에 직면할 것이며 이는 주택 정책에도 큰 영향을 미칠 것이다.

2000년대 우리나라 국내총생산(GDP)의 증가율은 평균 4.7%, GDP 대비 주택투자율은 4~5%였다. 그러나 2011년에는 전자는 3.6%, 후자는 2.7%로 각각 하락했다. 주택경기 침체가 경제성장률 둔화의 요인 중의 하나이며 동시에 거시 경제의 회복을 통한 소득 증가와 고용안정 없이 주택경기가 살아나기가 힘들다는 뜻이다. 특히 시장을 지배하고 있는 주택가격 대세하락론이 잠재적인 수요자들의 주택구입 의지를 억누르고 있어 주택경기 회복이 더욱 어려운 상황이다.

새 정부에 맡겨진 시급한 당면 과제인 하우스푸어 대책의 성패도 거시 경제의 회복 속도의 영향을 받을 것이다. 하우스푸어 대책의 출발점은 정확한 실태조사를 바탕으로 차입자와 대출기관 간의 대출조건 조정(대출만기 연장 및 금리 인하 등) 및 손실 분담을 유도하는 것이다. 공적자금의 투입은 무주택자들과의 형평성 논란의 소지가 있으며 금융시스템 전체에 리스크로 작용하거나 거시 경제에 심각한 충격을 미칠 우려가 있다고 판단될 경우에 한해서 고려해야 할 것이다. 보다 근본적으로 장기 고정금리인 적격대출의 보급을 확대하고 그 유동화를 담당하는 한국주택금융공사의 보증여력을 늘리는 등 주택금융의 안정성을 높이는 것이 바람직하다.

새 정부가 역점을 두어야 할 두 번째 분야는 주거복지 확충이다. 경기 침체로 재정 여건이 만만치 않은 상황에서 주거복지 수요 증가에 대응하려면 가용재원을 효율적으로 사용하는 한편 주택시장이 원활히 작동하여 주거복지 정책 대상이 확대되지 않도록 관리해야 할 것이다. 모든 국민의 주거복지를 정부가 책임질 수는 없기 때문이다.

현재 정부의 주거복지 예산의 대부분은 서민 전세금 지원 등 대출재원으로 운용되고 있다. 그러나 시장에서 점차 비중이 낮아지고 있는 전세제도를 유지하기 위해 정부가 개입할 명분은 약하다. 중장기적으로 비제도권의 전세대출을 제도권으로 편입시키고 임차인들의 임대료 부담을 낮추는 것이 옳은 방향이다.

전자를 위해서는 주택보유와 관계없이 주택구입 자금을 대출해 주고 월세를 원리금 상환에 충당하는 영국의 'Buy-to-let mortgage'제도를 참고할 수 있다. 다만 가격 상승에 대한 기대가 낮은 상황에서 임대주택에 대한 투자유인을 확보될 수 있을지가 관건이다. 임차인의 임대료 부담을 덜어주기 위해서 월세 납부액을 소득에서 공제해 주는 임대료 소득공제제도를 확대하는 것이 좋다.

주거복지 정책의 다양한 수단의 구체적인 조합은 정책 대상 가구들의 주거 여건과 시장상황, 재정여력 및 행정비용 등을 고려하여 선택해야 할 것이다. 공공임대주택 재고를 전체 주택의 10%, 혹은 OECD 평균치 수준으로 올려야 한다는 주장은 논리적인 근거가 없다. 또한 정부재정 투입액에 비해 공공임대주택 입주자 편익은 훨씬 낮다. 130조 원의 부채를 안고 있는 토지주택공사에게 한 채 지을 때마다 1억 원의 부채가 늘어나는 공공임대주택 공급을 맡기는 것은 지속가능하지 않다.

임차인들이 일정 요건을 갖춘 주택을 선택하게 하고 정부가 임대료의 일부를 보조해 주는 주택바우처는 공공임대주택에 비해 비용 대비 편익의 비율이 훨씬 높은 것으로 알려져 있다. 그러나 이 바우처가 임대료 안정에 기여하려면 임차인들이 원하는 주택이 충분히 공급되어야 한다. 따라서 바우처제도를 시범적으로 실시하면서 임대주택 공급 대책과 함께 점차 적용범위를 확대해 나가는 것이 현실적인 대안이다.

부동산세제의 정비는 MB정부의 미결 과제다. 1세대 다주택 보유를 투기행위가 아닌 임대사업으로 인정해 1가구 다주택 보유에 대한 양도소득세 중과를 폐지하고 종부세를 완화하기로 한 것은 진일보한 정책이다. 이와 함께 임대소득에 대한 과세도 정상화해야 할 것이다. 한시적으로 적용되는 취득세율 인하를 제도화하는 것도 필요하다. 실거래가 신고제가 의무화된 마당에 과거 낮은 과표를 전제로 높게 책정된 세율을 인하하여 거래비용을 낮추는 것은 당연하다. 재산세와 종부세의 통합도 보유세제의 정상화를 위한 과제다. 이러한 부동산세제의 개편은 중앙과 지방의 재원조정과 함께 추진해야 할 것이다.

세 번째로 전반적인 주거수준의 제고는 주택 정책의 변함없는 목표다. 이를 위해서는 수요에 부응하는 양질의 신규주택 공급과 기존주택의 업그레이드가 필요하다. 주택수요를 전망하는 데 있어 인구학적 요인도 중요하지만 실질소득 증가의 영향도 감안해야 한다. 앞으로 저성장시대에 들어서면 소득증가율이 둔화되겠지만 우리의 1인당 주거 면적이나 인구 1,000명당 주택수가 선진국들에 비해 크게 낮은 것도 사실이다.

역대 정부의 주택 정책이 주는 중요한 교훈은 인위적인 경기 조절 대책은 한계가 있다는 것이다. 참여정부 시절에는 온갖 억제 대책에도 불구하고 집값이 계속 오른 반면 MB정부 기간에는 수많은 부양책이 큰 효과를 내지 못했다. 단기적인 대책, 한시적인 제도 운용은 정책에 대한 시장의 반응을 점점 무디게 만들 수 있다. 새 대통령은 긴 안목을 지니고 일관된 정책기조를 견지하면서 할 일을 제대로 하는 데 집중하기를 기대한다. 또한 세제와 규제 정상화를 위한 입법을 관철할 수 있도록 국회와 여론을 설득할 전략도 준비하기 바란다.

성장동력은 국가보다 민간 주도로 발굴해야

신관호 고려대 교수

새 대통령은 매우 어려운 경제·사회적 환경에서 5년의 임기를 보낼 가능성이 높아 보인다. 이러한 상황에서 새 대통령이 해야 할 최선의 선택은 무엇인가?

첫째, 경제가 어렵더라도 단기적인 방편에 기대지 않길 바란

다. 당장의 위기 극복을 위해 인기에 치우친 정책을 집행할 경
우 가뜩이나 해결하기 어려운 장기적 문제를 더욱 더 악화시킬
수 있다. 경기부양을 위한 재정지출 증가는 정부재정에 큰 부담
을 주지 않는 선에서 이루어져야 할 것이다. 가계부채도 자구적
노력이 전제된 후에 최소한의 재정 투입으로 해결해야 한다. 무
리하게 국가주도로 성장동력을 발굴하겠다는 생각도 바꿔
야 한다. 기술적으로 성숙된 경제에서는 국가가 민간
을 선도하기 어렵다. 민간에서의 창의적인 혁신에 의
해 올바른 방향이 설정되도록 여건을 만드는 데 집중
해야 한다.

둘째, 서비스업에서 생산성 향상이 이루어지도록 노력해야
한다. 우리나라의 경제 수준에서는 제조업의 일자리 창출을 더
이상 기대하기 어렵다. 제조업은 이미 노동집약적 단계에서 기
술집약적이고 자본집약적인 단계로 발전했기 때문에 갈수록
필요한 노동력을 줄이고 있기 때문이다. 반면 서비스업은 계속
커지고 있는데, 서비스업의 생산성 향상이 더뎌 성장의 가장 큰
장애요인이 되고 있다. 서비스 부문에서 생산성 향상이 이루어
지기 위해선 각종 규제 등 제도 개선이 필수적이다. 선진국들은
경제성장을 하면서 꾸준히 제도 개선을 함께 추진해 서비스업
이 제조업과 조화를 이루며 발전했다. 하지만 한국은 고도성장

과정에서 이런 준비를 거의 못했고 갑자기 제도 변화를 추진하는 과정에서 기존의 규제와 제도하에서 기득권을 누려온 계층의 반발이 심한 상태다. 필요한 제도적 개선을 위해선 기득권층을 설득하는 정치력을 발휘해야 한다.

셋째, 다이내믹한 경제를 확립하여 국민에게 희망을 심어주어야 한다. 소득불평등을 잘못된 접근 방식으로 해결하려 할 경우 경제의 활력을 줄일 수 있다. 일례로 누구에게나 일정액의 소득이 보장한다면 이 소득 미만의 근로자는 아예 일할 필요를 느끼지 않을 것이다. 소득불평등은 그 자체보다 계층 간 이동을 어렵게 하는 것이 더 큰 문제라는 점을 인식해야 한다. 자신의 정당한 노력에 의해 신분 상승할 기회가 열려 있다면 아무리 현재의 소득 수준이 낮더라도 희망을 가지고 일할 수 있다. 소득불평등 그 자체의 개선도 중요하지만 계층 간의 이동을 촉진시키는 정책을 사용하여 경제의 활력을 높이는 것이 보다 효과적으로 문제를 해결할 수 있는 방법이다.

넷째, 기업생태계도 마찬가지이다. 보다 다이내믹한 환경하에서 중소기업이 대기업으로 성장할 수 있는 여건을 마련해 주어야 한다. 기업도 어느 정도 규모에 이르고 연령이 높아지면 관료화되기 쉽고 새로운 혁신을 기대하기 어려워진다. 새로운 혁신은 신생기업에서 더 많이 이루어진다. 미국의 100대 기업은 10년 새 47%, 30년 새 81%가 바뀐다고 한다. 우리나라도 꽤 많은 기업들이 바뀌고 있으나 대부분 대기업 계열사여서 이를 제외한다면 실제로 신생기업이 대기업으로 성장하는 경우는 적은 편이다. 아무런 연줄이 없는 신생기업도 혁신을 거듭한다면 대기업으로 성장할 수 있는 여건이 마련되어야 한다.

다섯째, 고령화에 대한 대비를 꾸준히 진행하여야 할 것이다. 다른 정책과 달리 고령화와 관련된 정책은 효과가 나오기까지 시간이 많이 걸리기 마련이다. 지금 당장 출산율을 높여도 신생아가 노동시장에 진입하기까지는 20여 년의 세월이 걸리기 때문이다. 따라서 장기적인 관점에서 고령화 정책을 시행해야 한다. 또한 당장 부족해지기 시작할 노동력을 충원하기 위해서 여성들의 경제참여율을 높이고 양질의 이주노동자가 많이 공급될 수 있도록 제도를 정비하고 이에 호의적인 사회인식이 확립되도록 노력해야 할 것이다.

이상을 실현하기 위해선 인기영합적인 단기적 정책의 유혹과 기득권 세력의 압력을 단호하게 뿌리칠 수 있어야 할 것이다. 어려운 경제 여건에서도 더 나은 미래를 위한 장기적 초석을 놓았다고 기록될 수 있는 새 대통령을 기대해 본다.

새누리당
선거공약집 요약

새누리당 선거공약집 요약

〈경제민주화〉

1. 대기업집단 총수일가의 불법 및 사익편취행위 근절

2. 기업지배구조 개선 및 금산분리 강화

3. 경제적 약자의 권익 보호

4. 공정거래 관련법의 집행체계 개선

〈서민경제 - 조세〉

1. 320만 채무불이행자의 신용회복 지원

2. 서민의 과다채무 해소 및 학자금대출 부담 경감

3. 개인신용평가의 공정성과 정확성 제고

4. 대부업을 금융감독망에 포함하여 소비자 보호 강화

5. 금융소비자 보호 강화를 위한 법규 및 관행 개선

6. '세출구조조정'을 통한 국민 부담 증가 억제

7. 조세정의의 확립 및 합리적 조세수준 결정

〈중소기업 - 소상공인 육성〉

1. 중소기업의 연구개발(R&D) 지원

2. 중소기업의 인력확보 지원

3. 중소기업의 세계화 지원

4. 중소기업 패자부활 기회 확대

5. 공공 분야의 입찰제도 변경 수요처 역할 구현

6. 소상공인 지원 정책의 통합추진체계 구축

7. 골목가게와 전통시장 시설 현대화

8. 소상공인의 사업인프라 구축 및 영업활성화

9. 화물차 운송업자 및 개인택시업 대책 마련

〈일자리 대책 - 총론〉

1. 국민행복기술로 새로운 시장, 새로운 일자리 창출

2. 창조형 중소기업이 꽃피는 창업국가 코리아

3. 학벌이 아닌 능력중심 사회 구현

4. 대한민국 청년이 세계를 움직이는 K-Move

5. 근로시간 단축 및 일자리 나누기 동반성장 전략 추진

6. 청년 창업 활성화

7. 공공 부문에서 청년층 일자리 확대

〈일자리 대책 - 고용안정〉

1. 경기변동에 대비한 고용안정 및 정리해고 요건 강화

2. 대규모 정리해고 시 고용재난 지역 선포

3. 정년연장 및 중장년층 교육훈련 확대

4. 상시·지속적 업무 정규직 고용관행 정착

5. 사내하도급 근로자 보호

6. 비정규직 근로자 사회보험 적용 확대

7. 특수고용직 근로자 산재보험 및 고용보험 가입 확대

〈일자리 대책 - 노사/여성〉

1. 최저임금 인상기준 마련하여 근로자 기본생활 보장
2. 대화와 상생의 노사관계 정착
3. 복수노조 및 근로시간면제제도 합리적 보완
4. 미래 여성인재 10만 양성 프로젝트
5. 경력단절 여성에게 맞춤형 일자리 제공
6. 돌봄서비스 종사자 처우 개선
7. 적극적 고용제도 정착을 통한 여성의 고용 확대

〈복지 일반〉

1. 기초생활보장 사각지대 완화
2. 맞춤형 빈곤 정책 대상 확대
3. 기초생활보장제도 급여체계 개편
4. 근로장려세제 확대 및 근로유인형 급여체계 구축
5. 복지일자리 확충 및 처우 개선을 통한 서비스질 제고
6. 기초연금 도입 및 어르신일자리 대폭 확대

〈의료 복지〉

1. 4대 중증질환 진료비 전액 국가부담
2. 저소득층 및 중산층의 환자 본인부담 의료비 경감
3. 실직자의 건강보험료 부담 완화
4. 어르신 임플란트 진료비 경감
5. 어르신 간병비용 지원 '사회공헌활동 기부은행' 설립

6. 신체장애 치매환자에게 노인장기요양보험 서비스 제공

〈주거 대책〉

1. 하우스푸어 대책 ① : 보유주택 지분매각제도

2. 하우스푸어 대책 ② : 주택연금 사전가입제도

3. 렌트푸어 대책 ① : 행복주택 프로젝트

4. 렌트푸어 대책 ② : 목돈 안 드는 전세제도

5. 렌트푸어 대책 ③ : 보편적 주거복지

6. 렌트푸어 대책 ④ : 영구임대주택 관리의 공공성 강화

〈교육비 절감 대책〉

1. 고등학교 무상교육 실시

2. 참고서가 필요 없는 '교과서 완결 학습' 체제 구축

3. 소득연계 맞춤형 반값등록금 지원

4. 학자금 대출이자 실질적 제로화 추진

5. 대학 기숙사 확충 및 기숙사비 인하

6. 사교육비 경감 정책 추진

〈창조경제〉

1. 창조경제를 견인할 '미래창조과학부' 신설

2. 국가연구개발 투자 2017년 5%까지 확대

3. 창의적 '국가연구개발' 혁신시스템 재정립

4. 국민행복기술과 브레인웨어 융합신기술로 창조산업 육성

〈정보통신〉

1. 건강하고 지속가능한 정보통신 생태계 기반 조성

2. 정보통신산업 활성화 및 일자리 창출

3. 콘텐츠산업, '한국 스타일'의 창조

4. 정보·미디어 전담조직 신설 적극 검토

5. 방송의 공공성 강화 및 미디어산업의 핵심으로 육성

6. 인터넷 표현의 자유 증진

7. 가계통신비 경감 및 데이터 요금제 도입

〈농어촌 활성화〉

1. 농어촌 맞춤형 사회안전망 및 주거, 의료, 교육 여건 구축

2. 식량자급률 제고를 통한 식량안보체계 구축

3. 농업 R&D로 농업의 신성장 동력화

4. 실효성 있는 후계자 양성 및 인력부족 대책 마련

5. 직불금 확대를 통한 농가소득 안정기여

6. 비료, 농약, 사료, 에너지 등 농업경영비 절감

7. 생산, 유통, 가공, 외식, 관광 연계되는 6차 산업 정책 확대

8. 농어업 재해 대책 전면 개편

9. FTA 협상 시 농어민의 권익을 최대한 배려

〈수산, 산림, 축산〉

1. 수산업 환경변화를 감안한 수산업의 신성장동력화

2. 미래 수산에 적합한 경쟁력 있는 수산관리체계 구축

3. 산림자원을 이용한 산림소득 증대와 일자리 창출

4. 산림재해 안전망 구축을 통한 녹색복지 구현

5. 지속가능한 축산업 육성

〈자원, 문화, 경제외교〉

1. 신재생에너지 보급제도 혁신 및 에너지 수요 관리 확대

2. 자원·에너지의 낭비를 줄여 자원순환사회 실현

3. 동북아 에너지그리드를 구축해 에너지공급 안정화 기반 마련

4. 문화재정 2% 달성

5. 외래관광객 1,000만 시대, 고부가가치·고품격 한국관광 실현

6. 경제외교 업그레이드 및 신성장 동력 발굴

* 제18대 대통령선거 새누리당 정책공약(2012년 12월 10일 발표)
에서 경제 공약을 중심으로 재구성.(시도 공약은 제외)

근혜노믹스

초판 1쇄 2012년 12월 21일

지은이 매일경제 경제부
펴낸이 성철환　**책임PD** 조윤미　**펴낸곳** 매경출판㈜
등　록 2003년 4월 24일(No. 2 – 3759)
주　소 우)100 – 728 서울 중구 필동1가 30번지 매경미디어센터 9층
홈페이지 www.mkbook.co.kr
전　화 02)2000 – 2610(편집팀)　02)2000 – 2636(영업팀)
팩　스 02)2000 – 2609　**이메일** publish@mk.co.kr
인쇄 · 제본 ㈜M – print　031)8071 – 0961

ISBN 978 – 89 – 7442 – 898 – 3(03320)

값 13,000원